RENATE KÜNAST

HASS
IST KEINE
MEINUNG

RENATE KÜNAST

HASS
IST KEINE
MEINUNG

WAS DIE WUT IN UNSEREM LAND
ANRICHTET

HEYNE ‹

FSC
www.fsc.org

MIX
Papier aus verantwor-
tungsvollen Quellen
FSC® C083411

Verlagsgruppe Random House FSC® N001967

Originalausgabe 08/2017

Copyright © 2017 by Wilhelm Heyne Verlag, München,
in der Verlagsgruppe Random House GmbH,
Neumarkter Straße 28, 81673 München
Redaktion: Ulrike Strerath-Bolz
Umschlaggestaltung: Hauptmann & Kompanie Werbeagentur, Zürich
Satz: Leingärtner, Nabburg
Druck und Bindung: CPI books GmbH, Leck
Printed in Germany
ISBN: 978-3-453-20161-3

www.heyne.de

Inhalt

Die Lage

Die Ursachen

Was tun?

Die Lage

Etwas hat sich verändert

Am Anfang war es nicht mehr als ein Gefühl: »Etwas hat sich verändert.«

Mit Facebook, Twitter und Co. hat sich etwas verändert. Als die Kommunikation sich zu einem großen Teil in die virtuellen Räume des Internets verlagerte, blieb mir nichts anderes übrig, als zu folgen. Nie waren die Hürden für die Teilnahme am öffentlichen Diskurs niedriger als heute, wo die Qualifikation nur noch darin besteht, einen Computer bedienen zu können. Die sozialen Netzwerke haben den Meinungsaustausch rasant vereinfacht. Kann es für eine demokratische Gesellschaft ein größeres Glück geben?

Für Politiker war der Schritt in die sozialen Netzwerke eine Selbstverständlichkeit. Seit Juni 2009 bin ich bei Facebook aktiv, seit Mai 2013 bei Twitter. Das sind vier bzw. acht Jahre, eine kurze Zeit. Wie fast alle Kollegen nutze ich die sozialen Netzwerke, um Veranstaltungen anzukündigen, von ihnen zu berichten und mich zu politischen Fragen zu äußern. Zwar haben Online-Plattformen die traditionellen Kanäle der politischen Kommunikation nicht ersetzt – die Interviews in analogen Printmedien, Funk und Fernsehen, die Gespräche in Bürgerbüros oder bei politischen Diskussionsveranstaltungen. Doch Updates, Posts und Tweets nehmen immer mehr Raum ein. Sie sind zu alltäglichen Handlungen geworden, wie das Sichten der Post, die sich im Büro immer noch auch in Papierform anhäuft.

Ebenso schleichend tauchten irgendwann, zunächst noch vereinzelt, die ersten Hass-Kommentare auf.

»Sie sind das Letzte.« – »Sie sind einfach dumm und hässlich.« – »Noch hässlicher.« – »Müll und Unrat.«[1]

Ich weiß nicht, wie lange ich solche Botschaften gedanklich einfach weggeklickt habe. Ich las sie und vergaß sie wieder. Doch ihre Zahl wuchs und mit ihnen das Gefühl, dass sich etwas veränderte.

Mit richtiger Wucht traf mich die verbale Gewalt zum ersten Mal am 13. Januar 2016, am Morgen nach der Talkshow *Hart aber fair*, die am Vorabend in der ARD gelaufen war. Die Gäste: Nordrhein-Westfalens Ministerpräsidentin Hannelore Kraft, Kristina Schröder (CDU), der Polizeigewerkschafter Rainer Wendt, Heribert Prantl von der *Süddeutschen Zeitung* und ich. *Die Schande von Köln – was sind die Konsequenzen?* lautete der Titel der Sendung. Es ging um die Ereignisse am Kölner Dom in der Silvesternacht 2015/2016.

Keine zwölf Stunden nach der Talkshow saß ich mit Mitarbeitern in meinem Büro vor zweihunderteinundsiebzig Posts, die sich auf meiner Facebook-Seite gesammelt hatten. Nur drei oder vier konnte man als unfreundliche, aber immerhin noch inhaltliche Diskussionsbeiträge betrachten. Der Rest: Beschimpfungen, Beleidigungen, Pöbeleien. Einfach Hass.

Das Erschreckende an den digitalen Beschimpfungen: Sie sind oft unfassbar roh und aggressiv, in einem Ausmaß, das wir bisher nicht kannten. Anders als auf der Straße oder bei öffentlichen Veranstaltungen, wo handelnde Personen sich den Blicken und Urteilen anderer aussetzen, scheinen manche im Internet alle Hemmungen und jeglichen Anstand zu verlieren. Sie ergehen sich in Gewaltfantasien, verletzen, erniedrigen, beleidigen.

Leute wünschen sich ein Enthauptungsvideo von Renate Künast. Träumen wird man ja wohl noch dürfen.

User x: »Du bist eine kleine dumme F...«
User y: »Angenommen, du würdest in Begleitung von Gattin und Arbeitskollegen zufälligerweise mit Frau Künast in einem Lokal an einem Tisch sitzen, würdest du es wagen, deinen Satz mit dem ›F‹ vom Stapel zu lassen?«
User x: »Wenn ich nicht bestraft werden würde, würde ich sie töten. Ist deine Frage damit beantwortet.«

Solche Äußerungen gehen unter die Haut. Anfangs habe ich mich ernsthaft gefragt: Sieht so die Forderung nach einem politischen Dialog aus? Muss man darauf reagieren? Rausgehen? Auch wenn mich die Kommentare persönlich nur bedingt verletzen, belasten sie doch auf jeden Fall meine Mitarbeiterinnen und Mitarbeiter, allen voran eine studentische Hilfskraft, zu deren Aufgaben es gehört, meine Facebook-Seite zu betreuen. So beschlossen wir am Morgen nach der Talkshow bei Plasberg, diese Vorfälle nicht mehr zu ignorieren. Wir wollten allerdings auch nicht zu viel Arbeitszeit darauf verwenden. In ungefähr zehn Fällen stellten wir Strafanzeigen und Strafanträge.

Aber es trieb uns irgendwie um. Was wollen diese Leute eigentlich? Andersdenkende fertigmachen? Sie einschüchtern?

Da entstand im Büro eine Idee: Wir wandeln das für uns in positive Energie um. Ein bisschen Humor, etwas Poesie ... Und so entstand in einem kreativen Prozess, der uns sogar Spaß brachte, unser Hate-Tool. Eine Art Formatvorlage für den perfekten Hass-Post. Wir wollten reagieren, ohne den Hass mit Hass zu beantworten, das war unsere Messlatte. Uns von würdelosen

Kommentaren nicht dazu verleiten lassen, selbst andere herab-
zuwürdigen. Es störte mich, dass Politiker begannen, die Leute
»Mob« und »Pack« zu nennen. Das ist nicht mein Weg. Man
kann nicht fordern, dass Menschen die Würde anderer respektieren, und sich dann selbst nicht daran halten. Hass kann man
nicht mit Hass bekämpfen.

Das Ergebnis war eine Hass-Netiquette, eine Art Anleitung,
die wir auf meiner Seite posteten:

Hallo,

Sie wollen mir einen Hass-Kommentar schicken? Sich mal so richtig auskotzen? Vielleicht, weil ich in einer Talkshow nicht das erzählt habe, was Sie hören wollten? Oder weil Ihnen meine Politik nicht passt? Oder weil Sie meine Frisur nicht mögen?

Sie wissen aber noch nicht genau, was Sie schreiben sollen? Oder Sie haben eine ausgeprägte Rechtschreibschwäche? Dann gebe ich Ihnen hier ein paar Hinweise, die Ihnen das Schreiben und mir das Lesen erleichtern:

1. Grußformel

Die meisten Hass-Kommentare kommen ganz ohne Anrede aus. Tun Sie sich keinen Zwang an. Manche schreiben auch »Frau Künast!«, und manche bringen den immer wieder neuen Witz und nennen mich »Frau Knast«. Alles ist möglich. Sie können mich aber jederzeit auch mit »Sehr geehrte Frau Künast« anreden.

2. Inhalt

Hauen Sie einen raus. Seien Sie kreativ. Hier ein paar Dinge, die fast noch niemand geschrieben hat:

»Pfui!!!!«, »Unerträglich!!!!!«, »Peinlich!!!!!!«, »Sie sollten sich schämen!!!!!!!«

»Wenn ich die schon sehe!«

»Früher habe ich mal die Grünen gewählt, spätestens jetzt sind sie unwählbar!«

»Es wird bald Prozesse für Politiker (sic!) wie dich geben!«

»Noch schlimmer als die Roth!«

»Nie wieder Grün!«

»Und das von meinen Steuergeldern!«

»Dumm wie Brot!«

»Zieh die Schuhe aus!«

»Armes Deutschland!«

»Lern erst mal Türkisch!«

»Volksverräterin!«

»Wie war das noch mit Lincoln und Washington?«

Es gibt natürlich noch viel mehr Möglichkeiten. Schauen Sie sich die Kommentare Ihrer Vorgängerinnen und Vorgänger an. Kopieren Sie es einfach. Hauptsache, es geht Ihnen danach besser.

3. Stil

Sparen Sie nicht an Ausrufezeichen. Schreiben Sie einzelne Worte, Sätze oder gleich den gesamten Kommentar ruhig in Versalien.

4. Soziales

Sie werden bestimmt einige Likes bekommen. Je früher Sie posten, desto wahrscheinlicher ist das. Sehen Sie das als Bestätigung und liken Sie dafür die Hass-Kommentare der anderen. Solche Gruppenerfahrungen bei gleichzeitiger Einsamkeit daheim kann ich Ihnen dank meines Facebook-Profils kostenlos anbieten.

5. Konsequenzen

Sie brauchen die großen Worte nicht zu scheuen. Denn Sie wissen: Ich stelle zwar regelmäßig Strafanzeigen wegen Beleidigung und Volksverhetzung, die Ermittlungsbehörden verfolgen Ihre Taten aber nur vereinzelt und stellen die Verfahren rasch ein.

Trotzdem kann es unangenehm sein, wenn gegen Sie ermittelt wird. Erst kürzlich bekam ich diese E-Mail:

★ ★ ★

hallo frau kühnast
wie ich heute erfuhr, haben Sie mich wegen Beleidigung in Ihrer
facebookseite angezeigt.

natürlich war meine Wortwahl Ihnen gegenüber nicht richtig und total
überzogen und deshalb entschuldige ich mich auch in aller form deswegen. was
mich bei diesem beitrag geritten hatte kann ich jetzt nicht mehr
nachvollziehen denn ich finde diesen beitrag nicht mehr.
es war denke ich mal ein beitrag zur aktuellen Flücht-lingsdiskussion und in der aufgeheizten Stimmung bin ich wohl weit über das ziel hinausgeschossen ... der Ermittlungsbehörde habe ich in meiner Stellungnahme mitgeteilt das ich den Tatbestand zugebe und ich mich bei Ihnen entschuldigen werde ...
das ist mir jetzt eine Mahnung zurückhaltender in den sozialen medien zu sein. eine Geldbuße werde ich wohl leisten müssen.
mfg n bxxx

★★★

Mit unserem Hass-Tool hatten wir einen Weg gefunden, uns zu befreien und über die Kommentare zu lachen. Und wir hatten den Hatern im Netz einen Spiegel vorgehalten, ohne selbst unsere Haltung zu verlieren. Ich staunte nicht schlecht über die Zustimmung, die wir dafür erhielten. Schon an einem Tag hatten mehr als vierhundertfünfzig Nutzer unser Tool mit dem »gefällt mir«-Button geliked, mehr als hundert einen Kommentar hinterlassen. Überwiegend positive Reaktionen. Die anderen mussten sich wohl erst mal sortieren über unsere Art zu sagen: Ihr kriegt uns nicht.

Wir erhielten E-Mails, in denen Menschen uns mitteilten, dass sie sich »kaputtlachten«. Und auf einmal auch ruhige, sachliche Kritik an Politik.

Doch die Erleichterung war nur von kurzer Dauer. Denn täglich werden unzählige Betroffene erneut Opfer von Angriffen im Netz. Als befänden wir uns in einer digitalen Wildnis, machen die Täter Jagd auf ihre Beute. Und sie tun das in der Gewissheit, dass sie nicht zur Verantwortung gezogen werden.

Der Anlass für dieses Buch

Mir ist klar, dass ich keine Ausnahme bin. Fast jeder, der als Politiker, Journalist oder Prominenter in der Öffentlichkeit steht und aufrichtig Position bezieht, macht dieselben Erfahrungen. Der Hass im Netz beschäftigt und bedrängt uns, und das bringt nicht nur mich zum Nachdenken. Mich ließ das Thema nicht mehr los, und so habe ich versucht herauszufinden, ob es sich eher um die negative Begleiterscheinung einer neuen Technik handelt, eine Folge der Digitalisierung und der veränderten

Kommunikation in den sozialen Netzwerken. Oder doch um ein politisches Phänomen.

Seit Monaten bewegen mich dieselben Fragen. Genau wie alle anderen, denen der Hass im Netz und seine Folgen Sorgen bereiten. Uns alle beschäftigt die Spaltung der Gesellschaft, die seit der Flüchtlingskrise im Sommer 2015 nicht mehr zu leugnen ist, als wütende Bürger sich vor eine Flüchtlingsunterkunft in Heidenau stellten und die Bundeskanzlerin beschimpften. Als Pegida-Anhänger Plakate hochhielten, auf denen sie dem damaligen Vizekanzler Sigmar Gabriel den Galgen wünschten. Besorgt schauen wir auf die Länder, in denen diese Spaltung noch weiter fortgeschritten ist. Besorgt sehen wir mit an, dass die Zahl der Menschen wächst, die sich in der freien, demokratischen Gesellschaft nicht mehr aufgehoben fühlen. Die meisten von uns können sich nicht vorstellen, dass diese Menschen zur Mehrheit werden. Aber in Großbritannien hat eine solche Mehrheit für den Brexit gestimmt. Und in den USA hat eine solche Mehrheit Donald Trump zum Präsidenten gewählt. Seither fragen wir uns, was hinter alldem steckt. Waren die Polarisierung der Gesellschaft und das Erstarken der Rechten nicht schon lange abzusehen?

Im Netz ergießt sich der Hass häufig anonym, viele Akteure bleiben unsichtbar. Das war ein Grund für *Spiegel*-Autorin Britta Stuff und mich, im Sommer 2016 loszugehen und bei einigen von ihnen an der Tür zu klingeln. Doch anstelle der Antworten, die ich zu finden hoffte, häufen sich die Fragen. Deshalb versuche ich im ersten Teil meines Buches eine Zustandsbeschreibung. Dazu gleiche ich das, was ich bei meinen Hausbesuchen und in vielen seither geführten Gesprächen erlebe, mit den Analysen von Historikern, Soziologen, Journalisten und Extremismusforschern ab. Auf diese Weise versuche ich, mir ein Bild zu machen über das, was wir im Moment erleben.

Enttäuschte Hoffnungen

Der Hass im Netz hat so zugenommen, dass das Thema *Hate-speech* inzwischen allgegenwärtig ist. Mein anfangs diffuses Gefühl hat sich in ein sichtbares Schreckgespenst verwandelt, das überall auf der Welt diskutiert wird. Auf einmal fragen sich alle: Was ist da los? Wo kommt das her?

Politik- und Medienbeobachter reiben sich verwundert die Augen über sogenannte Trolle: ein Pseudonym für Personen, die im Internet offenbar allein das Ziel verfolgen, andere zu demütigen und zu verletzen. Manche Opfer reagieren ähnlich offensiv-kreativ wie wir mit unserem Hate-Tool. Wie die Journalisten um Mely Kiyak, Yassin Musharbash, Deniz Yücel und andere, die Hate-Poetry-Lesungen veranstalten, bei denen sie ausgewählte rassistische Beschimpfungen öffentlich vortragen. Meine Kollegin Katrin Göring-Eckardt las schon im September 2015 in einem Facebook-Video Hate-Posts vor, die sie erhalten hatte. In den USA bittet die Fernsehshow *Jimmy Kimmel* Prominente zu solchen Lesungen vor die Kamera. Der norwegische Dokumentarfilmer Kyrre Lien spricht von Internet-Kriegern, die das Netz mit Hass überziehen.[2] Er fand sie in Norwegen, den USA, England, Russland, Syrien. Und im US-amerikanischen *Time Magazine* geht der Autor Joel Stein der Frage nach, warum das Internet gerade dabei ist, sich in eine »Klärgrube der Aggression und Gewalt«[3] zu verwandeln.

Ausgerechnet das Internet, das in seinen Anfängen so viele Hoffnungen weckte! Auf einen ungehinderten Fluss von Informationen, den Austausch von Meinungen und Bildung für alle. Selten war Kommunikation so total, selten war sie so demokratisch. Viele glaubten, die sozialen Medien würden politisch-revolutionäre Kräfte entfalten. Die Piratenparteien verschiedener

Länder läuteten gar ein neues Zeitalter der Netzdemokratie ein, sie propagierten die *Liquid Democracy*, die jeden Einzelnen noch viel unmittelbarer an politischen Entscheidungen beteiligen sollte.

Die Piraten machten die Netzpolitik zu ihrem Kernthema und versprachen, mithilfe der digitalen Technik die Demokratie zu erneuern: Sie wendeten sich gegen den etablierten Politikbetrieb, nicht etwa, weil sie Politiker pauschal für unfähig hielten, sondern in dem Glauben, nur *Digital Natives* könnten die politische Revolution verstehen, zu deren Anführern sie sich aufschwangen. Als ich 2011 für das Amt der Regierenden Bürgermeisterin in Berlin kandidiert habe, spürte ich, wie die Technik-Nerds uns alle unter Druck setzten. Es war damals schwer, in Diskussionen einfach mit politischer Sachkenntnis zu punkten. Wer wie ich und so manche Kollegen die digitale Technik nicht als das neue Wunderwerkzeug anerkannte – geeignet, die Demokratie zu verjüngen –, wer sich skeptisch zeigte, der setzte sich dem Urteil aus, der politischen Steinzeit anzugehören.

Am Ende scheiterten die Piraten – wer hätte das vermutet – an einem Mangel an Demokratie. Weil sie glaubten, die Möglichkeiten der digitalen Vernetzung würden Strukturen überflüssig und jede Form von Hierarchie obsolet machen, wurden ihre Entscheidungsprozesse undurchschaubar. Anstatt Anträge vorzusortieren, sahen sie sich auf Parteitagen vor der unlösbaren Aufgabe, Tausende von Tagesordnungspunkten zu diskutieren. Sie mussten erfahren: Ohne Regeln und eine gewisse Ordnung geht es nicht. Fehlende Strukturen und ausufernde Entscheidungsprozesse führten dazu, dass nur die sich wirklich beteiligen konnten, die extrem viel Sitzfleisch und keine drängenden Verpflichtungen (zum Beispiel Kinder) hatten. Viele andere schloss das ausufernde Chaos aus Zeitgründen einfach aus.

Am Scheitern der Piraten wurde sichtbar, dass es die Menschen sind, die Demokratie machen, nicht die Technik. Sie entbindet uns nicht von der Verantwortung, uns darüber zu verständigen, wie wir leben wollen. Worüber wir sprechen wollen, welche Werte uns wichtig sind, aber auch, welche Tabus wir setzen.

Ungeachtet meiner Skepsis gegenüber den Demokratie-Versprechungen der Piraten glaube ich: Noch vor wenigen Jahren ahnte niemand von uns, dass wir das Thema Digitalisierung mal unter derart kritischen oder gar negativen Vorzeichen diskutieren würden. Im Gegenteil, wir trauten digitalen Medien die Kraft zu, die Welt selbst dort zu verändern, wo autoritäre Regimes mit aller Macht an ihrer Herrschaft festhielten. Als die arabische Welt im Dezember 2010 eine Serie von Protesten erlebte und der »Arabische Frühling« wesentlich durch Facebook, Twitter und Online-Blogs organisiert und befördert wurde, schienen sich diese Hoffnungen zu bewahrheiten. Das Internet lässt sich nicht kontrollieren, lautete die Botschaft. Es wird die Welt gerechter machen und Diktatoren das Fürchten lehren.

Doch nun sind wir es, die Anhänger der Demokratie, die sich fürchten. Bestürzt sehen wir, wie moralische Standards, die sich in der Gesellschaft über Jahrhunderte herausgebildet haben, von einem Sturm aus Tweets und Posts hinweggefegt werden.[4] Wir fürchten uns auch deshalb, weil sich der Hass nicht auf die virtuellen Räume des Internets beschränkt, sondern vielerorts auf die Straße getragen wird, wo er quasi parallel stattfindet. Rechtspopulisten von Trump bis Marine le Pen, von Viktor Orbán bis zur AfD und den Aktivisten von Pegida münzen die Wut der Internet-Hater in eine Politik um, die den Demokratien in Europa und den USA gefährlich wird. Sie spalten unsere Gesellschaften und bedrohen damit ihren Zusammenhalt.

Das Phänomen Hatespeech beschränkt sich dabei nicht nur auf hin und wieder auftretende Shitstorms, die auf etwas reagieren. Nein, es geht auch ohne Anlass. Ich habe es mir zur Regel gemacht, jeden Montag auf Facebook eine Blume zu posten und das Foto mit einem Satz zu kommentieren, der mit dem Wunsch endet: »Euch eine gute Woche.« Das kann das Bild von einem Krokus sein, wenn der Frühling wieder einmal auf sich warten lässt: »Es bewegt sich was, es gibt Grund zur Hoffnung. Euch eine gute Woche.« Oder die bizarre Struktur einer Pflanze: »Die Natur schafft bizarre Gebilde, wie im wirklichen Leben. Euch eine gute Woche.« Auf diese Posts reagieren immer ein paar Nutzer, die sich bedanken oder das Foto kommentieren. Doch auch hier mischen sich die unvermeidlichen Posts voller Hass und Häme darunter.

Hass als Antwort auf eine Blume? War das der Moment, in dem ich angefangen habe, mich tiefer mit dem Thema zu beschäftigen? Es ging mir jedenfalls wie vielen, ich fragte mich immer häufiger: Was ist passiert? Warum verbringen Menschen ihre Zeit im Internet damit, andere zu verletzen, zu erniedrigen und zu beleidigen? Vor allem fiel es mir schwer, sie mir vorzustellen: Wer sind diese Menschen?

Erste Hausbesuche

Internet-Hater verbergen sich oft hinter der Anonymität digitaler Identitäten. Wir wissen also nicht, wer sie sind. Wir wissen nur, dass sie wütend sind. Doch woher kommt ihre Wut?

Die gängigste These zur Erklärung lautet: Es sind »Abgehängte«, sozial Benachteiligte, die ein kalter, menschenverachtender Kapitalismus in Zeiten der Globalisierung auf der Strecke gelassen hat. Viele sehen in den Internet-Kriegern vor allem Verlierer, die ihrem Frust über die eigenen prekären Lebensverhältnisse Luft machen.

Mit der Zeit empfand ich es aber als unbefriedigend, nur darüber zu spekulieren, wer hinter den Hass-Botschaften steckt und was ihre Motive sind. War die Erklärung wirklich so einfach? Haben wir mit unserer Politik in den letzten Jahrzehnten eine wachsende Gruppe von Verlierern geschaffen, die sich in ihrem Frust rechtsextremen Positionen zuwenden? In einem Gespräch mit der Journalistin Britta Stuff vom Magazin *Der Spiegel* entstand die Idee, der Frage nachzugehen. Mal loszugehen und herauszufinden, wie die Leute leben, die Hassbotschaften verbreiten. Wie sie denken.

Also beschlossen wir, einige Verfasser von Hass-Kommentaren zu besuchen. Britta Stuff verfasste eine Reportage über unsere Reisen, die am 29.10.2016 im *Spiegel* erschien.[5]

Die Recherche von Hassmail-Verfassern ist aufwendig, das wusste ich, seit ich die ersten Strafanzeigen gestellt hatte. Deshalb hätte ich mich ohne die Unterstützung von Britta Stuff kaum auf dieses Abenteuer eingelassen. Auch zu zweit blieben wir vorsichtig. Auf der Suche nach Gesprächspartnern, die wir mit ihren eigenen Posts konfrontieren wollten, wählten wir bewusst weniger drastische Kommentare aus. Es kostete mich schon einiges an Überwindung, Menschen aufzusuchen, die mich »Gesindel« oder »senil, geifernd, zickig« nennen. Da wollte ich nicht unbedingt auf jemanden treffen, der mir die Enthauptung wünscht.

Nachdem wir den Absender ermittelt hatten, druckten wir einen Post aus und fuhren los. Ohne Ankündigung. Es konnte passieren, dass wir vor verschlossener Tür stehen und unverrichteter Dinge zurückkehren würden. Was aber erwartete uns, wenn jemand öffnen würde? Wir sollten es bald erfahren. Den ersten Hate-Post-Verfasser, den wir für unser Experiment auswählten, trafen wir tatsächlich zu Hause an.

Eigentlich ein ganz zufriedener Mann

> Mensch Künast, das saudumme Geblöke von Dir und deinem grünen Gesocks will doch keiner mehr hören, pack deine sieben Sachen und zisch ab.

Wir fuhren ohne Kamera, ohne Begleitung, nur Britta Stuff und ich, an einem heißen, schwülen Junitag. Leere Straßen, die Häuser mit Deutschlandfahnen geschmückt. Gerade lief die Fußball-Europameisterschaft. Das Navi lotste uns in einen Potsdamer Vorort, bis vor das Vorgärtchen eines Reihenhauses.

Ich erinnere mich an Heuschnupfen. Meine Nase war wegen der Allergie leicht geschwollen, der Kopf wegen der Hitze dick. Es kostete Mut zu klingeln. Und gleich respektvoll drei Schritte zurück. Was kommt jetzt wohl? Was für ein Typ Mensch, der sich auf meine Facebook-Seite begibt und pöbelt? War das wirklich eine gute Idee?, fragte ich mich und antwortete gleich: Ja, doch. Ich will schließlich verstehen, was sich tut in diesem Land. Vielleicht eine Begründung finden. Bleibt der Hass im Netz ein Schreckgespenst, das riesig vor uns steht, oder wird es kleiner, wenn man näher rangeht?

Die Tür geht auf. Vor mir steht ein Mann, in Shorts und mit freiem Oberkörper. »Guten Tag, ich bin Renate Künast.« – »Nein!« Blankes Erstaunen. Es dauert, bis mein Gegenüber sich entschließt zu glauben, dass ich es wirklich bin. Dann aber bittet er uns ins Haus. Schüttelt immer noch den Kopf. »Ich glaube es nicht!« Und geht schließlich doch los, um sich ein T-Shirt überzuziehen. Dann passiert, was ich ehrlich gesagt nicht erwartet habe. Wir sitzen anderthalb Stunden auf dem Sofa. Bei genügsamen anderthalb Litern Mineralwasser entspinnt sich ein intensives Gespräch. Den Fernseher hat mein Gastgeber ausgeschaltet, die Europameisterschaft ist für eine Weile nicht mehr so wichtig.

»Warum haben Sie mir das geschrieben?« Mit dieser Frage und dem Ausdruck des Posts in der Hand sitze ich in seinem Wohnzimmer auf dem Sofa. »Es kommt von meiner Wut«, ist seine Erklärung. Auf seiner Arbeitsstelle würden alle so reden. Sogar inzwischen auch mal die AfD wählen. Wie er.

Ich versuche herauszufinden, wie es ihm geht. Er ist Facharbeiter, sogar Meister. Sagt, er sei eigentlich zufrieden. Auch wenn er eine Gehaltserhöhung von seinem Arbeitgeber nicht ausschlagen würde. Aber dann kommt er zur Sache: Schon beim Lesen der *BILD*-Zeitung jeden Morgen rege er sich auf. Warum ist denn auf einmal Geld da, jetzt, wo Flüchtlinge gekommen sind? Er sagt keinen wirklich schlechten, abwertenden Satz über Flüchtlinge oder Ausländer. Doch immer wieder weist er darauf hin, wie es Kindern in der Schule und im Hort ergeht. Hier in Potsdam, vor seiner Haustür. Es sei kein Geld da für Essen oder für Ausflüge. Er selbst engagiert sich, investiert sogar privates Geld.

Da sei vor allem das starke Gefühl, dass niemand zuhöre, niemand hinsehe, wie es den Menschen geht. Hin und wieder würde er dann nachts bei Politikern auf Facebook seine Wut rauslassen. Danach gehe es ihm besser, er sagt, er fühle sich dann auf Augenhöhe. Lange sprechen wir über komplizierte Zusammenhänge in der Politik, über die Griechenland-Rettung.

Er wundert sich, als ich ihm erkläre, dass wir Deutschen von der Rettung der Griechen profitieren. »Das steht ja so nirgendwo in einer Zeitung oder im Netz«, behauptet er.

»Sie lesen das Falsche«, erwidere ich.

Und dann sagt er diesen Satz, der ihm wichtig ist: »Alle werden gerettet. Aber kümmert sich auch mal jemand um uns?«

Er erläutert seinen Ärger am Beispiel der Bundeskanzlerin, Angela Merkel. Die sieht er ständig im Fernsehen, immer ist sie gerade dabei, irgendjemanden zu retten. Das Klima, die Griechen, die Flüchtlinge. »Uns haben die da oben vergessen.« Davon ist er fest überzeugt.

Es beeindruckt ihn nicht nur, dass ich mir Zeit genommen habe, sondern freut ihn sichtlich. Das Fußballspiel hat er verpasst. Sei's drum. Dass da jemand aus der Politik kommt, ihm zuhört, mit ihm redet! Die Begeisterung hält an. Schnell noch die Frau anrufen: »Mausi, was glaubst du, wer hier ist?!« – […] – »Nein, ich habe nichts getrunken!« Zum Schluss will er noch ein Selfie von uns beiden. Ein Beweis, dass er wirklich nüchtern war. Ich glaube, am Ende haben wir die Begegnung beide als ein gutes Gespräch empfunden. Ich auf jeden Fall.

Als ich wieder im Auto sitze, bleiben zwei Gedanken hängen, die mich in den folgenden Monaten beschäftigen werden. Da ist zum einen der Eindruck: Das war ein netter Typ, Meister in seinem Betrieb. Ein Mann aus der Mitte der Gesellschaft, der keine existenziellen Sorgen hat, zufrieden ist mit seinem Job, seiner Familie, seinem Haus. Und doch hat er mir diesen Hatepost geschickt. Weil er Wut empfindet und diese Wut in einer Sprache ausdrückt, die er in seinem Alltag für normal hält.

Der zweite Gedanke folgt aus seiner Frage: »Kümmert sich

auch mal jemand um uns?« Der Mann sieht Nachrichten aus aller Welt. Globale Ereignisse, das Klima, die Finanzen, Griechenland. Die Flüchtlinge, der Binnenmarkt. Der Freihandel, Krieg in der Ukraine und in Syrien, und immer wieder die Flüchtlinge. Andere Dinge sieht er nicht: dass – oder ob – die Politik sich mit seiner eigenen Situation beschäftigt. Mit Themen, die ihn betreffen. »Kümmert sich auch mal jemand um uns?« – Bei mir hinterlässt diese Frage bis heute das Gefühl, wir könnten tatsächlich etwas falsch machen.

Ein alter Bekannter

Am Abend des 18. Juli verletzte ein afghanischer Flüchtling in einem Zug in Bayern vier Menschen schwer mit einer Axt. Er wurde auf der Flucht von einem Sondereinsatzkommando der Polizei erschossen. Noch in der Nacht twitterte ich:

> Tragisch und wir hoffen für die Verletzten. Wieso konnte der Angreifer nicht angriffsunfähig geschossen werden???? Fragen! #Würzburg.

Es ist Aufgabe von Abgeordneten, auch das Handeln der Polizei kritisch zu hinterfragen. So funktioniert Demokratie. Was früher vielleicht selbstverständlich war, ruft jedoch in Zeiten von Terror und Sicherheitswahn hysterische Reaktionen hervor. Auf meinen Post folgte ein Shitstorm, ein wahrer Tornado des Hasses und der Aggression. Allein mein grüner Kollege Konstantin von Notz, der ehemalige Innenminister Gerhard Baum von der FDP und Heribert Prantl von der *Süddeutschen*

Zeitung erinnerten daran, dass meine Frage in einem Rechtsstaat zu den Notwendigkeiten gehört. Zwei Tage später saß ich in einer Fernsehsendung. Anstatt mich für meinen Tweet zu entschuldigen, versuchte ich, meine Beweggründe und ebendiese rechtsstaatlichen Prinzipien zu erklären. Daraufhin erhielt ich – unter vielen anderen – folgenden Post:

> Renate, höre auf. Du warst mal sehr gut. Nun erscheinst du nur noch als geifernde, senile, zickige Person. Du bist kein Vorbild mehr. Kannst nicht mehr zu hören. Setz dich zur Ruhe und genieße das Leben.
> Facebook, 21. Juli 2016

Diesmal führt uns das Navi durch die Schorfheide im Norden Brandenburgs, immer tiefer hinein in den Wald, der einst als Jagdgebiet Erich Honeckers gesperrt war. Eine Irrfahrt über Feld- und Forstwege, die schließlich mit der Aufforderung endet zu wenden. Und zwar »jetzt«, wie die Navi-Stimme unerbittlich fordert. Wir geben auf, versuchen nur, auf den Forstwegen, die wir ohnehin unerlaubt befahren haben, aus dem Wald wieder herauszukommen. Da sehe ich in letzter Sekunde etwas zwischen den Bäumen aufblitzen. Da steht ein Haus! Also los.

Mir ist mulmig zumute, ich schlage Britta Stuff vor, das Auto lieber gleich in Fluchtrichtung zu parken. Man weiß ja nie.

Unter einem Überdach ein Trabi mit Berliner Kennzeichen. Die Sonne scheint auf Blumenbeete, Baulärm an der Garage. Hinterm Haus kommt ein älterer Mann hervor, nach kurzem Erstaunen ruft er freudig: »Renate!« Wir werden auf eine große, offen angebaute Terrasse gebeten, auf dem Boden liegt eine Art Perserteppich. Der Mann sagt, er kenne mich aus den Zeiten der »Alternativen Liste«, der Vorgängerpartei der Grünen in

Berlin. Das erklärt, warum er mich mit Vornamen anspricht. Ich erinnere mich nicht an ihn. Er wurde später Unternehmer, hat sich dieses Häuschen gekauft. Er hat sich das alles gemütlich umgebaut.

Einer von den Typen, von denen man sagt: sehr von sich überzeugt. Nachdem wir einen Pott Kaffee entgegengenommen haben, halte ich ihm eine Kopie von seinem Post hin. Warum er mir so etwas schreibt? Ein paar Momente lang starrt er nur auf den Ausdruck. Dann, zögerlich: »Ja, stimmt doch auch.« Er habe es in der Talkshow so peinlich gefunden, dass ich mich für meinen Post nach dem Attentat in Würzburg nicht entschuldigt habe. Nicht zugegeben habe, dass er falsch war.

Mit Blick auf die Idylle am Waldrand und auf der Wiese, umgeben von Blumenbeeten, geraten wir in eine Debatte, die diesen malerischen Frieden wie ein Missklang stört. Denn wir erreichen uns nicht, reden aneinander vorbei. Ich bin verwirrt: Da versteht ausgerechnet ein ehemaliges Mitglied der Alternativen Liste nicht, dass es legitim und notwendig ist, das Handeln der Polizei zu hinterfragen – ganz egal, wie betroffen uns die Umstände machen.

Er hält sich auch in meiner Gegenwart nicht zurück: »Du hast da einfach senil gewirkt, völlig meschugge.« Das sagt er mir ins Gesicht. Warum gehe ich nicht einfach? Weil wir gerade erst angekommen sind?

Ich antworte nicht auf gleichem Niveau. Halte mich an meine Überzeugung, dass wir das nicht tun sollten, bin mir allerdings hier nicht sicher, ob ich das nicht bedaure. Wäre es nicht doch einen Versuch wert? »Findste den Post beleidigend?«, fragt er. Schon das versteht er offenbar nicht, dass »senil, geifernd, zickig« nicht gerade zur Palette der Komplimente gehören. Später, etwas konzilianter: »Hier wirkste auch gar nicht senil.«

Was für eine Kommunikation! Ist das arrogant? Erwartet jemand, der so etwas sagt, beim Adressaten ein offenes Ohr? Oder ist ihm das gar nicht wichtig? Irgendwann sagt er: »Ja, du hast recht.« Er habe einfach nachts den Computer geöffnet, seinen Post geschrieben. Danach habe er sich besser gefühlt.

Während unseres Aufenthalts verstärkt sich bei mir der Eindruck, mein Gegenüber will nur eine Ansage machen. Mir vorschreiben, was ich tun soll. Ich komme mir vor wie die Zuschauerin eines Theaterstücks. Bleibt noch die Zugabe: Wir sollen uns doch sein schönes Grundstück ansehen und die Esel hinten auf der Wiese. Wieder im Auto, erzählt Britta Stuff: »Als Sie auf der Toilette waren, sagte er schnell: Sie hat natürlich *nicht* recht.« So verfahren wie das Gespräch endet auch die Reise: Auf der Rückfahrt aus dem Wald verirren wir uns erneut.

Im Internet ist jeder König

Ein wenig hat es mich dann doch überrascht: Von denen, die ich besucht habe, gehört keiner zu den sogenannten Abgehängten. Alle leben in gesicherten Verhältnissen, haben Arbeit, Wohnung oder ein Häuschen mit Garten. Die beiden Männer, die ich in der Schorfheide und Potsdam besucht habe, erklärten sich mit ihrer eigenen Situation durchaus zufrieden.

Natürlich liefert meine private Recherchereise mit Britta Stuff keine repräsentativen Ergebnisse. Doch auch professionell durchgeführte Untersuchungen ergeben ein Bild, das die These von den Abgehängten fragwürdig erscheinen lässt. So heißt es in einem Artikel der *Frankfurter Allgemeinen Sonntagszeitung* vom 18. März 2017:

Die Alternative für Deutschland (AfD) steht zu Unrecht im Ruf, ein Hort der Abgehängten zu sein: Das ist das Ergebnis einer Studie des arbeitgebernahen Instituts der deutschen Wirtschaft (IW), die der Frankfurter Allgemeinen Sonntagszeitung exklusiv vorliegt. Drei Forscher haben alle verfügbaren Daten über die Anhängerschaft der Partei herangezogen und sagen nun: Die AfD ist in der Mitte der Gesellschaft zuhause.

Als Belege nennen sie unter anderem das Einkommens- und Bildungsniveau. Mit 2 200 Euro netto im Monat stünden AfD-Sympathisanten etwas besser dar [sic!] als der deutsche Durchschnitt. 55 Prozent von ihnen hätten zudem ein mittleres Bildungsniveau (Realschule), 25 Prozent ein hohes, 20 Prozent ein niedriges Niveau.[6]

Bereits 2015 legten Politikwissenschaftler der TU Dresden eine Studie über die Anhänger von Pegida vor[7], die zu ähnlichen Ergebnissen kommt. Darin heißt es über das Bildungsniveau der Pegidisten:

Deutlich wird in der Abbildung der Ergebnisse zunächst der mit 38,0 Prozent am häufigsten vertretene Realschulabschluss. Ins Auge fällt aber ebenso die mit 28,2 Prozent an zweiter Stelle geführte Gruppe der Akademiker, die einen Hochschul- bzw. Fachhochschulabschluss oder die erfolgreiche Ausbildung an einer Berufsakademie als letzten Bildungsabschluss genannt haben. [...] Nur 5,0 Prozent der befragten Personen schieden mit einem Hauptschulabschluss aus dem Bildungssystem aus.[8]

Diese Zahlen sind überraschend, denn die meisten von uns würden bei Pegida kaum eine so hohe Akademikerquote vermuten. Wie die Verfasser der Studie anmerken, liegt sie weit über dem durchschnittlichen Niveau von 14,7 Prozent Akademikern in der Bundesrepublik.

Ähnlich überraschend sind die Ergebnisse, die Erhebungen über das Einkommen ergaben:

> *Beim Vergleich der Einkommensverteilungen zeigt sich, dass das mittlere Einkommen (Median) in unserer Stichprobe deutlich höher liegt als das mittlere Einkommen bezogen auf ganz Sachsen.*

Mit anderen Worten: Pegida-Anhänger verdienen im Schnitt etwas mehr als der Durchschnitt der sächsischen Bevölkerung. Weiter heißt es in der Studie:

> *Zieht man zu diesem Befund die Antwortverteilungen zur Frage nach der Berufsgruppe und zum letzten Bildungsabschluss mit hinzu, so lässt sich die Annahme, die befragten PEGIDA-Teilnehmer in Dresden ständen vorrangig am sozialen bzw. sozioökonomischen Rand der Gesellschaft, begründet zurückweisen.*[9]

Die sächsische Landeshauptstadt Dresden und ihre Umgebung entwickelten sich nach der Wende von 1989 zu einer wirtschaftlich prosperierenden Region. Wer sozialen Niedergang und schlechte Arbeitsmarktdaten sucht, findet sie eher in ländlichen Gebieten in Mecklenburg-Vorpommern oder gar einigen Regionen des Ruhrgebietes in Nordrhein-Westfalen, nicht aber in Dresden. Das legt den Schluss nahe: Die These von den Abgehängten, die ihre Wut auf die Straße treibt, hält der Realität nicht stand. Die Unterteilung der Gesellschaft in Globalisierungsverlierer auf der einen und -gewinner auf der anderen Seite ist zu einfach, mit ihr lässt sich das Phänomen des Internet-Hasses, wenn überhaupt, wohl nur in Teilen erklären. Wenn es aber Menschen gut geht – wieso sind sie dann wütend?

Ein Dreivierteljahr nach meiner Reise zu den Internet-Trollen lese ich in der ZEIT ein Argument, das ich bereits bei meinem Hausbesuch in Potsdam gehört habe. Es geht um die Flüchtlinge. »Jahrelang hieß es, dem Staat fehle das Geld. Ich sehe nicht ein, dass nun fremde Leute Geld bekommen, das unseren eigenen Leuten zustünde.«[10] Marion Held aus Aue, einundsiebzig Jahre alt, begründet so im Gespräch mit der Verfasserin des ZEIT-Artikels, warum sie die AfD unterstützt. Ähnlich wie der Meister in Potsdam, der die Armut von Kindern in einem Hort beklagt, berichtet auch Held, ihr selbst gehe es gut, sie gehe jedoch an Wochenenden mit Rentnern wandern, die sich im Gasthaus keine Suppe leisten können.[11]

»Kümmert sich auch mal jemand um uns?« Diese Frage beschäftigt offenbar viele. Und sie ist hochpolitisch: Die Menschen fühlen sich von uns, den Politikern, im Stich gelassen. Und doch habe ich bei meiner Recherche noch etwas anderes gelernt. Offenbar suggeriert die Kommunikation in den Onlinemedien eine Nähe zu Personen des öffentlichen Lebens, die in Wahrheit nicht gegeben ist. Der Potsdamer Meister erklärte, er fühle sich »auf Augenhöhe«, wenn er auf den Online-Seiten von Politikern Kommentare hinterlässt. Der Mann in der Schorfheide sagte etwas lapidar, er habe »einfach etwas gepostet und sich dann besser gefühlt«. Ähnliches bestätigt mir der Verfasser eines Leserbriefes, der mich einige Monate nach Erscheinen des *Spiegel*-Artikels erreichte. Er schreibt:

Für mich selbst bedeutet jedes Posting eine persönliche Aufwertung, d.h. ich lenke von meinen eigenen Problemen ab und habe das Gefühl, dass ich den Mächtigen endlich mal klar machen kann, was sie falsch machen. Nach jedem Posting geht es mir selbst viel besser. [...] Sie stehen diesem Menschen [der im Internet Kommentare an Politiker versendet, Anm. R.K.] sehr nahe; ähnlich wie seine Frau oder enge Bekannte.[12]

Mit dem psychologischen Aspekt der Kommunikation im Internet befasst sich der polnisch-britische Soziologe Zygmunt Baumann in seinem Essay *Die Angst vor den anderen*[13]:

Wir leben heute wie noch niemals zuvor in zwei verschiedenen Welten, nämlich »online« und »offline«. [...] In der Offline-Welt bin ich unter Kontrolle. Man erwartet von mir und zwingt mich nur allzu oft, mich der Kontrolle durch kontingente, unberechenbare Umstände zu unterwerfen: zu gehorchen, mich anzupassen, über meinen Platz, meine Rolle und das Verhältnis zwischen Pflichten und Rechten zu verhandeln – all das bewacht und aufgenötigt durch die explizite oder vermutete Sanktion des Ausschlusses und der Ausweisung. In der Online-Welt hingegen bin ich verantwortlich und habe ich die Kontrolle. Online habe ich das Gefühl, Herr der Umstände und derjenige zu sein, der die Ziele vorgibt, der die Gehorsamen belohnt und die Widerspenstigen bestraft, der die furchterregende Waffe der Verbannung und des Ausschlusses in den Händen hält.[14]

Baumanns Beschreibung deckt sich mit der Erfahrung der Menschen, mit denen ich gesprochen habe. Im Internet – und nur im Internet – ist die Distanz zwischen politischen Repräsentanten und Bürgern auf ein Minimum geschrumpft. Seit es Facebook, Twitter und die Kommentarfunktion auf Online-Seiten gibt, können Interessierte das politische Geschehen nicht nur in Zeitungen, Fernsehen oder Radio verfolgen, sondern schnell und unmittelbar darauf reagieren. Das kostet sie kaum Zeit, anders als früher müssen sie sich nicht auf Veranstaltungen begeben, nicht aufwendig Demonstrationen organisieren oder Unterschriften sammeln. Wer will, kann sich einfach an den Computer setzen und seine Meinung »raushauen« oder »posten« – sogar ein eigenes Verb gibt es mittlerweile dafür. Wir haben am Anfang diese Vorzüge der Digitalisierung auch alle begrüßt. Vielleicht bis zu dem Moment, in dem klar wurde, dass viele Posts im Kern gar keine Meinungen transportieren, sondern Emotionen: Hass und Wut.

Fluch der Digitalisierung?

In der analogen Welt steht der Zugang zu den öffentlichen Diskursen zwar auch jedermann und jederzeit gleichermaßen offen. Jenseits der begrenzten Reichweite von Leserbriefseiten oder Kommentarfunktionen ist jedoch faktisch irgendeine Qualifikation Voraussetzung: eine Ausbildung als Journalist, Fachkompetenz als Jurist oder Wissenschaftler, ein Amt als Politiker, Engagement in einem Verband oder Verein etc. Kurz: Man muss etwas zu sagen haben, um regelmäßig gefragt zu sein und gedruckt zu werden. Hier gelten Grundregeln, die normalerweise auch durchgesetzt werden. Es existieren erprobte und lange angewandte Verfahren. Das Prinzip lautet: Jeder kann seine Meinung äußern, solange er darauf verzichtet, die Rechte anderer zu verletzen und gegen geschriebenes Recht zu verstoßen. Verstößt jemand gegen diese Regel, wird das geahndet; Staatsanwaltschaften ermitteln, Unterlassungserklärungen oder Gegendarstellungen werden abgedruckt. Der rechtliche Rahmen, in dem der Jugendschutz und die Persönlichkeitsrechte des Einzelnen geregelt sind, beginnt im Strafgesetzbuch und reicht von den §§ 86, 86a StGB (Verbreitung von Kennzeichen verfassungswidriger Organisationen) über § 131 StGB (extreme Gewaltdarstellungen), der Beleidigung (§ 185 StGB), der Volksverhetzung (§ 130 StGB) bis zur Nötigung und Bedrohung (§§ 240ff StGB) u.a.m. Jugendliche werden durch die §§ 4 und 5 JMStV vor Inhalten geschützt, die sie oder ihre Entwicklung gefährden oder beeinträchtigen. Für den professionellen Bereich gilt das Presserecht. Zudem haben sich die großen deutschen Journalistenverbände und Verlage zur Selbstkontrolle verpflichtet und zu diesem Zweck den Presserat eingerichtet, der Vergehen gegen Standards der journalistischen Praxis ahndet und seine Regelungen aktualisiert. Rechtliche Auseinandersetzungen oder Ermittlungsverfahren schaden der Presse, beeinträchtigen das Image, und Anwälte kosten Geld. Deshalb versuchen Journalisten und Verlage, solche Auseinandersetzungen zu vermeiden.

Als Facebook 2004 und Twitter 2006 begannen, Menschen auf der ganzen Welt miteinander zu vernetzen, entstanden neue und qualitativ andere Diskurs- und Informationsräume. Hier kann sich jeder mit großer Reichweite zu Wort melden, jeder kann weltweit Informationen verbreiten. Da die Äußerungen in den sozialen Netzwerken privater Natur sind, gelten die Regelungen für den Journalismus bzw. die Presse nicht. Allerdings greift unser Strafrecht für die verbreiteten Posts und Tweets, und es gelten Löschungsregeln für rechtswidrige Inhalte nach dem Telemediengesetz. Dabei ist mit den digitalen Medien ein neues Problem entstanden, denn für Löschungen und strafrechtliche Verfolgung im großen Stil fehlt das Personal. Daher haben wir in den letzten Jahren angefangen, über Hatespeech und Fake News im Parlament zu diskutieren, und im April 2017 beschloss die Bundesregierung einen viel kritisierten Gesetzentwurf gegen Hassrede, den das Justizministerium unter Führung von Heiko Maas vorgelegt hat. Noch ist unklar, ob und wie der Bundestag das Gesetz vor der Sommerpause beschließen wird (ich gehe auf das Thema Strafverfolgung und den Gesetzentwurf im letzten Kapitel dieses Buches näher ein).

Gut zehn Jahre später haben wir den Eindruck, dass das soziale Klima in den Netzwerken gekippt ist. Was anfangs nach einem Randphänomen aussah – vereinzelte Diffamierungen, Mobbing, zum Beispiel unter Schülern –, hat sich zu einem Monster entwickelt: Es scheint, als ließe sich Hatespeech im Netz nicht kontrollieren. Nun macht uns dieses Monster Angst, weil es seine Kraft auch außerhalb des Internets entfaltet. Der Hass wirkt in die physische Welt zurück, er stärkt den Rechtspopulismus, verschärft die Spaltung unserer Gesellschaft und bringt damit die Demokratie in Gefahr.

Diese ungeheure Wirkung ist der Grund, warum eine Veränderung, die ich anfangs nur als vages Gefühl empfunden habe, heute zu den meist diskutierten Themen unserer Zeit geworden ist. Der Hass im Netz beschäftigt mich, weil ich ihn als bedrohlich empfinde. Damit geht es mir wie unzähligen anderen überall auf der Welt, die sich um die Demokratie und den Zusammenhalt der Gesellschaft sorgen.

Es liegt auf der Hand, erst einmal zu vermuten, dass es die digitale Kommunikation selbst ist, die den Hass hervorgebracht hat. Dass also die digitale Technik unser Leben auf so revolutionäre Weise verändert, dass wir mit ihrem Umgang schlicht überfordert sind. Wenn Sascha Lobo, der als bekannter Netzexperte unter anderem für *Spiegel Online* schreibt und früher stets die Chancen des Netzes hervorhob, nun eine »Digitalausgabe der Zivilisierung«[15] fordert, folgt er genau dieser Deutung: Wir haben über Jahrhunderte Regeln des Zusammenlebens gelernt. Regeln, die auf das Fundament der »menschlichen Würde« gebaut sind. Nun, so Lobo, müssen wir diese Regeln für den Umgang in der digitalen Welt neu lernen. Und bestätigt die bereits zitierte Beobachtung von Baumann das nicht? Die Beobachtung, dass wir uns in der Online-Welt frei von einer wirksamen Kontrolle durch die Gemeinschaft fühlen?

In einem Essay des Philosophen Volker Gerhardt[16] lese ich, dass Technik, der Motor unserer Zivilisation und Kultur, nie ausschließlich positiv bewertet wurde. Immer schon konnte der Mensch neu erfundenes Werkzeug auch einsetzen, um Zerstörung anzurichten und Leid zu verursachen. Schon das Feuer diente nicht nur zum Heizen oder der Zubereitung von Speisen, sondern auch, um zu morden und zu brandschatzen. Seither liegt fast jede neue Technik dem Menschen wie ein zweischneidiges Schwert in der Hand: Wenn er nicht verantwortlich damit umgeht, bringt es ihm Unheil. Immer verleitete die Technik leider auch zum Missbrauch, und immer fanden sich Menschen, die sich zum Missbrauch von Technik verleiten ließen. Diese Ambivalenz des technischen Fortschritts haben die Bildungsschübe der Zivilisation, in Europa der Humanismus, die Reformation und die Aufklärung, nicht überwinden können. Der Mensch, so Gerhardt, hat in seiner Geschichte nie ein Mittel gefunden, die Überforderung zu bewältigen, vor die ihn die Technik stellt. Im Gegenteil, die industrielle Revolution, die das Leben auf diesem Planeten mehr als je zuvor veränderte, brachte Waffen hervor, deren destruktives Potenzial völlig neue Dimensionen entfaltete: Sie richteten in den beiden Weltkriegen des 20. Jahrhunderts ein unvorstellbares Maß an Zerstörung an. Schließlich beschwor die Erfindung von Kernenergie und Atomwaffen zum ersten Mal in der Geschichte die Gefahr herauf, dass der Mensch mit einem Handstreich den gesamten Planeten vernichten könnte.

Der Missbrauch von Technik hat uns Menschen an den Abgrund unserer Existenz geführt. Und man kann wohl ohne Übertreibung sagen, dass wir uns seither ständig am Rande dieses Abgrunds aufhalten, wenn man bedenkt, dass uns heute neben hochgefährlichen Waffen auch wachsende Umweltprobleme bedrohen und dass wir systematisch Raubbau an unseren natürlichen Lebensgrundlagen betreiben. Oder dass wir neue Technik einsetzen, um Probleme zu lösen, dabei aber neue grundlegende Probleme erschaffen.

Dennoch glaubt auch Gerhardt, dass die digitale Revolution unser Leben noch einmal in einer grundsätzlich neuen Dimension verändert. Er begründet dies mit der Beobachtung, dass nie eine Technik dem Bewusstsein des Menschen so nahe war wie das Internet. Als eine von mehreren damit verbundenen Gefahren nennt der Philosoph die »von jeder Rücksicht freien Ressentiments«, die sich im Internet entladen: »Unter dem Schutz der Anonymität verlieren Menschen jede Scham und erschüttern das Minimum an öffentlichem Anstand, auf das nicht nur Demokratien angewiesen sind.«[17]

Technik, das führt uns Gerhardt in seinem Aufsatz vor Augen, ist nicht per se böse, aber sie stellt den Menschen vor Herausforderungen. Er muss lernen, sich vor dem Missbrauch der Technik zu schützen und sich entsprechend zu verhalten. In der Zeit des Kalten Krieges galt dies in erster Linie für die Verhältnisse zwischen Staaten, vor allem zwischen dem sogenannten Ost- und Westblock. Die Aussicht auf die möglichen Verheerungen eines Atomkriegs trieb die Supermächte Russland und die USA zunächst in eine Politik der atomaren Abschreckung, in eine teure, hochgefährliche Rüstungsspirale, und zwang sie anschließend, auf Abrüstungsverträge zu setzen und sich dabei gegenseitig zu vertrauen. Inzwischen ist dieses Vertrauen so brüchig wie schon lange nicht mehr – eine Situation, die durch die Digitalisierung und die sozialen Medien noch verschärft wird, da Machthaber wie Putin und Donald Trump sie auf ihre Weise zu nutzen wissen. Anders als wir noch vor fünf, sechs Jahren glaubten, hat die Digitalisierung nicht junge *Digital Natives* nach ganz oben gespült, die den Politikbetrieb und die Demokratie erneuern, sondern Autokraten eines neuen Typs, die sich für die Demokratie und für die Menschen, die sie regieren, wenig interessieren. Auch wenn sie das vorgeben: Sie sorgen nicht für demokratischere Verhältnisse, sie schaffen Demokratie ab.

Filterblasen und Echokammern

»Unter dem Schutz der Anonymität verlieren Menschen jede Scham und erschüttern das Minimum an öffentlichem Anstand, auf das nicht nur Demokratien angewiesen sind«, schreibt Gerhardt. Dass heute nicht mehr demokratisch gesinnte Technik-Nerds wie die Piraten, sondern die Online-Hater die Debatten über das Internet beherrschen, liegt unter anderem daran, dass sich in der digitalen Welt sogenannte »Filterblasen« und »Echo-kammern« bilden. Die beiden Begriffe sind im Zuge der Analyse digitaler Kommunikation entstanden; inzwischen werden sie in der Diskussion häufig verwechselt oder gleichgesetzt. Dabei ist die Filterblase kein reines Internet-Phänomen. Denn bereits in der analogen Welt führt unser Sozialverhalten dazu, dass wir nur eine eingeschränkte Vielfalt an Informationen erhalten. Wir leben in einer Filterblase, indem wir nur bestimmte Zeitungen lesen, nur die Sendungen bestimmter Fernseh- oder Radiosender konsumieren und uns in der Regel in einem Kreis von Menschen bewegen, die nach sozialer Herkunft, Interessen, Bildungsniveau und Einkommen gewisse Überschneidungen mit uns haben. Unsere Sicht auf die Welt ist geprägt von der Art und Weise, wie wir leben, sie basiert nicht auf allumfassenden Informationen über diese Welt. Das wäre wohl auch gar nicht möglich.

In der digitalen Welt allerdings wird die einschränkende Wirkung der Filterblase besonders verstärkt. Und sie wird wirtschaftlich ausgenutzt.

Hier setzen Online-Dienstleister wie Google oder Facebook maschinell operierende Algorithmen ein, um Informationen, die uns angeboten werden, vorzusortieren: danach, welche Informationen uns in der Vergangenheit bereits interessiert haben, ob sie bei Mitgliedern unseres Netzwerks auftauchen und so weiter.[18] Auf diese Weise erzeugen Algorithmen besonders kleine Filterblasen. Als Nutzer erhalten wir das, was wir am wahrscheinlichsten »kaufen«. Gefällt uns etwas, erhalten wir davon mehr, lehnen wir etwas ab, wird es uns gar nicht mehr gezeigt.

Für mich entbehrt das nicht einer gewissen Ironie: Durch die Algorithmen, die Online-Dienstleister verwenden, bekommen wir eine immer schmalere Palette an Informationen (und Werbeangeboten) zu sehen – dabei gehen wir doch eigentlich davon aus, dass das Internet uns *mehr* Informationen zur Verfügung stellt als die analoge Welt. Sind wir auf dem Weg zu einer geistigen Engführung?

Die von Online-Dienstleistern angewendeten Filter sind oft hilfreich. Es erspart uns Zeit, wenn ein Suchdienst uns bei der Suche nach einem Restaurant zuerst Treffer in unserer Heimatstadt anzeigt – basierend auf Daten, aus denen er weiß, dass wir in dieser Heimatstadt bisher die meisten Geschäfte, Restaurants u. Ä. gesucht haben. Der Netzkritiker Eli Pariser macht in seinem Buch über die Wirkmechanismen von Filterblasen und Echokammern[19] allerdings darauf aufmerksam, dass diese Vorauswahl höchst problematische Auswirkungen haben kann. In einem Interview mit der *Süddeutschen Zeitung* gibt Pariser ein anschauliches Beispiel:

> *Nehmen wir den Suchbegriff »Barack Obama«. Die meisten Menschen werden seine Webseite, Wikipedia-Einträge und ähnliches [sic!] auf der ersten Seite bekommen. Aber einige erhalten womöglich Seiten vom rechten Rand des Spektrums, in denen fälschlicherweise behauptet wird, Obama sei kein Amerikaner und damit unrechtmäßig Präsident – weil Google anhand der Daten erkennt, dass sich diese Menschen für diese Verschwörungstheorie interessieren.*[20]

Besonders kritisch wurden solche Filterblasen, als Facebook 2006 das Instrument des »News Feed« einführte. Anlass war das Problem, dass Nutzer von Facebook sich nicht täglich oder gar stündlich durch Hunderte von Posts arbeiten konnten, um herauszufinden, ob der eine oder andere Facebook-Freund etwas Interessantes mitgeteilt hatte. Zur Lösung dieses Problems entwickelte Facebook einen Algorithmus, der Posts und Kommentare sortierte und priorisierte. So erzeugt der Computer eine personalisierte Nachrichtenseite für jeden einzelnen Nutzer, den News Feed: eine vom Computer erstellte Liste von Neuigkeiten, die bei jedem Öffnen der Facebook-App erscheint.[21]

Mit dem News Feed verfolgte Facebook-Gründer Mark Zuckerberg seine Idee, das Unternehmen zu einem weltweiten Nachrichten-Verteiler zu machen, und zwar von Nachrichten, die durch Computer ausgewählt, sortiert und verbreitet werden, nicht von Menschen, die sich die Inhalte anschauen und bewerten. Doch schon drei Jahre vor der Gründung von Facebook warnte der amerikanische Rechtswissenschaftler Cass Sunstein in seinem Buch *Republic.com* vor Informationsräumen, in denen Tausende oder vielleicht Millionen oder sogar zig Millionen Menschen in erster Linie nur noch den verstärkten Echos ihrer eigenen Stimme zuhören.[22]

Mich beunruhigt eine solche Entwicklung, denn eine Demokratie lebt doch wesentlich davon, dass ich mich der eigenen Standpunkte immer wieder neu vergewissere, indem ich mich auch mit dem auseinandersetze, was mir nicht zusagt. Ich will ja bereit sein, meine Auffassung gegebenenfalls zu ändern. Genau das aber verhindern maschinelle Operatoren, die das Informationsangebot stark einschränken und priorisieren, ohne den Nutzer darauf hinzuweisen, dass er nur erhält, was er ohnehin lesen will. Insofern sind Online-Informationsangebote dem Design nach undemokratisch. Peter Schaar, der ehemalige Datenschutzbeauftragte der Bundesregierung, formulierte das daraus entstehende Problem einmal sehr treffend so: »Die Willkür des Vorurteils wird durch die Scheinobjektivität des Algorithmus ersetzt.«

Andere Kritiker gehen noch weiter. Ein Buch, das 2013 in den USA erschien, beschreibt manche Angebote von Online-Plattformen sogar als »Evil by Design« – dem Design nach böse. Soll heißen: Die Anbieter bedienen sich bestimmter Strategien, um das Verhalten der Nutzer zu manipulieren. Es handelt sich um Strategien, die in der Verhaltenspsychologie entwickelt wurden.[23] Ziel der Onlinedienste ist es, den Nutzer zum Handeln zu bringen, bevor er nachdenkt: Klicken, Liken, Teilen, Kaufen – je aktiver Nutzer auf einer Website sind, desto lukrativer für den Anbieter. Genau das aber erweist sich bei Facebook und Twitter als Problem: Viele User teilen hier zum Beispiel Artikel zu politischen Themen, ohne sie überhaupt gelesen zu haben. Und das hat Folgen, wie beispielsweise der *Spiegel*-Kolumnist Stöcker feststellt:

> *Eine demokratische Öffentlichkeit, die sich an Orten konstituiert, wo Denken als Hindernis beim »Engagement« betrachtet wird, bekommt früher oder später Probleme.*[24]

Auch in der analogen Welt erhalten wir Informationen, die von Journalisten und Redaktionen in den Print- und Funkmedien ausgewählt wurden. Doch der Prozess der Filterung funktioniert in der Online-Welt anders. Journalisten richten sich an Menschen, die nach möglichst umfassender Aufklärung verlangen. Sie bewegen sich dabei im Rahmen gesetzlicher Richtlinien, allen voran Artikel 5 des Grundgesetzes, der besagt, dass zur Meinungsfreiheit Informationsfreiheit gehört. Und sie versuchen, diesem Gebot durch größtmögliche Vielfalt und Objektivität nachzukommen. Außerdem bin ich als informierte Leserin in der Lage, ein Medium einzuschätzen. Ich habe eine

Vorstellung davon, dass Zeitungen wie die *Süddeutsche Zeitung,* die *BILD,* die *TAZ* oder die *Frankfurter Allgemeine Zeitung* unterschiedliche Ausrichtungen haben. Entsprechend kann ich dann auch ihre Aussagen, Meldungen, Kommentare bewerten. Online-Dienstleister aber geben vor, neutrale Plattformen für einen freien Marktplatz der Informationen zu bieten. Sie behaupten, nur Technik bereitzustellen, und unterschlagen, dass die von ihnen eingesetzten Algorithmen zur Meinungsbildung beitragen. Indem sie die uns angebotenen Informationen filtern, bestimmen die von Google, Facebook und Co. designten Maschinen darüber, welchen Teil der Wirklichkeit wir wie zu Gesicht bekommen. Gefährlich sind diese Filterblasen vor allem dann, wenn den Nutzern gar nicht bewusst ist, nach welchen Mechanismen das Informationsangebot erstellt wird, das ihnen zufließt.

Und nun zu den Echokammern. Auch dort erhalten die Nutzer digitaler Medien »hauptsächlich jene Information, die ganz ihrer Weltsicht entspricht«[25]. Und zwar deshalb, weil soziale Netzwerke ihrer Struktur nach so angelegt sind, dass die Menschen »sich in erster Linie mit Gleichdenkenden austauschen. Wie ein Echo hallt die eigene Meinung dann online zurück«.[26] Abweichende Meinungen sind kaum zu sehen. Der Medienforscher Jan-Hinrik Schmidt beschreibt das Problem, das in Echokammern entsteht, so:

> *Insbesondere die Netzwerk- und Videoplattformen schaffen Kommunikationsräume, in denen der verständigungsorientierte Austausch von Argumenten nicht im Vordergrund steht, sondern wo sich Menschen wechselseitig in ihrer vorgefassten Meinung bestätigen. Diese »Echokammern«, in denen nur noch zu Gehör kommt, was dem*

Gruppenkonsens entspricht, sind vor allem dann problematisch, wenn sie um extreme, intolerante und undemokratische Haltungen herum entstehen und die Meinungsäußerungen die Grenzen des Zulässigen streifen oder gar überschreiten.[27]

Ich fand diese Beobachtungen bestätigt, als ich von einer Recherche der beiden ZDF-Journalisten David Gebhard und Florian Neuhann hörte.[28] Sie haben sich drei Wochen lang mit gefälschten Identitäten in rechtsextremen Online-Echokammern bewegt. Anfangs gaben sie vor, die rechtsextremen, von Verschwörungstheorien durchsetzten, homophoben oder rassistischen Äußerungen der Gruppe zu teilen, und erhielten dafür viel Zustimmung. Dann begannen sie zu widersprechen. Doch ihre Versuche, die Verschwörungstheorien durch Hinweise auf Tatsachen zu widerlegen, wurden ignoriert oder abgeschmettert. Niemand wollte sich mit ihren Einwänden auseinandersetzen.

Die Erfahrung der beiden ZDF-Journalisten macht auf drastische Weise deutlich, dass wir uns oft in solchen Echokammern bewegen, in denen keineswegs Meinungen ausgetauscht werden. Von den Algorithmen, die Facebook, Google und Co. einsetzen, werden die Nutzer geprägt: Was sie hören wollen, nehmen sie auf, was sie nicht hören wollen, klicken sie weg.

Genau das habe ich erlebt, als ich zwei Hass-Post-Verfasser in der Nähe von Köln und Saarbrücken besuchte.

Der Rentner und sein syrischer Nachbar

Sie ist typisch für die meisten Grünen: dumm, ohne
Schul- oder Berufsabschluss und unfähig.
Facebook, 30. Oktober 2015

Wieder sind wir mit dem Auto unterwegs, eine gute Stunde
außerhalb von Köln. Wir haben uns über den Verfasser des Posts
mithilfe seines Facebook-Accounts informiert, er muss im Ren-
tenalter sein. Der Kommentar, den er auf meiner Seite hinterließ, gehört zu seinen harmloseren, einige Äußerungen auf seinem Profil weisen stark in Richtung Rechtsextremismus.

Wir halten vor einer gepflegten alten Villa. Zweigeschossig,
in mildem Gelb gestrichen, die Gardinen wie mit Stecknadeln in
Falten gelegt. In jedem Fenster eine blühende Orchidee. Ich
habe mich noch nicht daran gewöhnt, bei den Verfassern von
Hass-Posts zu klingeln. Bin angespannt.

Es dauert einen Moment, bis sich die Haustür öffnet und wir
ein kurzes »Ja?« hören. Ein Mann, Mitte 60, kommt uns zum Tor
entgegen. Er blickt mich an, schaut auf den Ausdruck seines
Facebook-Posts, den ich in der Hand halte. Er sagt, einen Augen-
blick habe er gedacht, ich könnte eine Doppelgängerin sein.
Und natürlich, ja, er habe das geschrieben.

Ich versuche, mit ihm ins Gespräch zu kommen, indem ich
erkläre, dass ich zu einigen Verfassern von an mich gerichteten
Facebook-Posts reise. Ich sage ihm, dass ich verstehen will, was
los ist in Deutschland. Damit habe ich meinem Gegenüber genau das richtige Stichwort gegeben. Er könne mir klar sagen,
was hier los sei, poltert er los. Zuvor ruft er noch einen Mann
von der anderen Straßenseite zu uns herüber. Es handelt sich
um seinen Nachbarn, einen Syrer.

Ich frage, warum er mir so etwas schreibt. Seine Antwort: »Es ist doch so, viele Grüne haben keinen Berufsabschluss.« Wir finden heraus, dass er diese Information im Internet gefunden hat. Als ich ihm erkläre, dass ich sogar zwei Berufsabschlüsse habe und dass man auch diese Information im Internet finden könne, zeigt er sich nur mäßig irritiert. »Ach so, Sie sind Juristin. Ach.«

Auf meine wiederholte Nachfrage, warum er denn so etwas über mich schreibe, kommt die kuriose Antwort: »Haben Sie gesehen, dass Sie im Internet mit Stan Laurel verglichen werden? Auch meine Frau sagte noch gestern, schau dir die Künast an, die ist doch widerlich.« Was soll ich darauf antworten? Da muss man erst einmal drauf kommen, den großartigen Stan Laurel als widerlich zu bezeichnen.

Im weiteren Verlauf des Gesprächs zeigt sich: Das Internet ist sein Informationsmedium. Hier findet er, was er ohnehin schon denkt. Mehr als bei allen meinen anderen Besuchen erlebe ich hier ganz deutlich, wie Filterblasen und Echokammern funktionieren. Vor mir entfaltet sich ein fest gefügtes Weltbild, garniert mit Verschwörungstheorien und Fake-News (wie der Information, alle Mitglieder der Grünen seien ohne Berufsausbildung). Sage ich etwas, wird es sofort uminterpretiert, oder es werden unehrliche Motive dahinter vermutet.

Mit dem syrischen Nachbarn versteht er sich prächtig, wenn sich auch später herausstellt, dass dieser manchem zustimmt, ohne es verstanden zu haben. Das zumindest lassen seine Nachfragen vermuten.

Es geht schnell zur Sache. Der Rentner wirft mir vor, nicht nur die Massenzuwanderung, nein, sogar die »Umvolkung« Deutschlands zu wollen. Da ist er, denke ich, der alte Begriff der Nationalsozialisten. Der syrische Nachbar fragt mich entrüstet, ob das stimme. Und so geht es weiter, mit einem manifesten rechtsextremen Weltbild. Wir Grünen seien ein »amerikafreundliches Pack«. Er wirft mir vor, bestimmte Dinge zu wissen, mich aber nicht zu trauen, sie in Talkshows anzusprechen. Der 11. September sei nicht die Schuld »irgendwelcher Höhlenmenschen« aus Afghanistan gewesen. Vielmehr habe es sich um »kontrollierte Sprengungen« gehandelt. Auf meine etwas ironische Reaktion folgt der Satz: »Das wissen Sie genau. Sie können es nur nicht zugeben.«

Ich muss nicht viel tun, um das Gespräch am Laufen zu halten, denn er geht gleich zum nächsten Thema über: »Sie fälschen auch die Wahlen, daher sind wir für Volksabstimmungen.« Mein Versuch, logisch zu bleiben, verleitet mich zu dem Einwand, wenn sein Vorwurf stimme, könnten wir ja auch Volksabstimmungen fälschen. Doch meine Ironie geht nach hinten los: »Jetzt geben Sie es ja selbst zu, dass Sie fälschen.«

Wer in den Monaten zuvor Äußerungen von Pegida, AfD und NPD verfolgt hat, kann nicht wirklich überrascht sein. Und so dauert es nicht lange, bis die Behauptung fällt: »Ohne Flüchtlinge könnten wir alle fünfhundert Euro mehr in der Tasche haben.« Der syrische Nachbar schaut überrascht hin und her. Viel Zeit zum Nachfragen hat er nicht, denn jetzt fordert unser Verschwörungstheoretiker ihn dazu auf zu bestätigen, dass alle Flüchtlinge, die nach Deutschland kommen, Kriegsverbrecher seien. Er nicht, er sei schon vor zwanzig Jahren gekommen.

Weiter in der Filterblase: »Kennen Sie denn überhaupt Thomas Barnett?«, werde ich gefragt. Da muss ich passen. Mein Gesprächspartner wird nachdrücklicher, er kann gar nicht glauben, dass jemand Thomas Barnett nicht kennt. Aber das ist es eben – Google weiß, wie ich ticke, einen rechtsextremen Verschwörungstheoretiker bieten sie mir in meinem Informationsangebot nicht an. Thomas Barnett, ehemaliger US-Regierungs-berater. Offenbar hat er in einem Buch offengelegt, was die Amerikaner wollen. Nämlich: Jedes Jahr sollen 1,5 Millionen Nordafrikaner nach Deutschland kommen, damit sich im Laufe der Jahrzehnte eine hellbraune Mischrasse entwickelt. Diese soll dann einen Intelligenzquotienten von 90 haben, gerade noch schlau genug, um zu arbeiten. Das Buch sei bewusst nur in englischer Sprache erschienen, damit die deutsche Bevölkerung es nicht lesen könne.

Ich vergrabe mich tiefer in meiner schwarzen Lederjacke und ziehe unwillkürlich eine Grimasse. Das reicht meinem Gegenüber sofort als Vorlage, mich zu kritisieren, und meine grüne Kollegin Claudia Roth gleich mit. Die sei »noch viel schlimmer«. Der syrische Nachbar, ein Typ mit dicker Goldkette, gibt mal ihm, mal mir recht. Und glaubt inzwischen, ich hätte eine Talkshow. Die Ausführungen meines Gesprächspartners sind so wirr, dass man dieses Missverständnis nicht unbedingt auf mangelnde Deutschkenntnisse des Nachbarn zurückführen muss.

Von der Eingangstür her ertönt auf einmal die Stimme der Ehefrau (offenbar wegen eines Gipsbeins nicht mobil): Wir sollen doch alle hereinkommen, ins Wohnzimmer. Hatte sie ihrem Mann nicht erst gestern gesagt, sie finde mich widerlich? Ich will da lieber nicht ins Wohnzimmer. Sage: »Es tut mir leid, wir müssen weiter.«

Der Rentner stellt schnell noch fest, es habe keinen Sinn, mit solchen Leuten wie mir zu reden. Mir ist leicht schwindelig angesichts der Windungen dieses Gesprächs.

Zum Schluss bietet er an, den Post zu löschen. Er tut es, schreibt dann bei Facebook, dass ich zu Besuch da gewesen bin. Und kritisiert mich erneut, weil ich Thomas Barnett nicht kenne.

Eine Art Heimsuchung

Mach dich ab Gesindel. Schade nächstes Mal hoffe ich
trifft es jemand aus deiner Familie. Mal sehen wie dein
Tweet dann lautet. Abartige und unfähige Möchtegern
Politikerin mehr biste nicht! Gesindel!

Der Tweet bezieht sich auf meinen Kommentar nach dem Attentat von Würzburg, jenen Tweet, in dem ich das Handeln der
Polizei hinterfragt habe. Auf dem Weg zum Verfasser des Posts
in der Nähe von Saarbrücken halten wir an einer Autobahnraststätte, um einen Kaffee zu trinken und etwas zu essen. Ein schönes Kontrastprogramm. In der Raststätte, die ihre besseren
Tage schon länger hinter sich hat, kommt ein Mann auf mich zu
und sagt: »Schön, Sie hier zu sehen. Das ist das Highlight meines
Tages. Bleiben Sie, wie Sie sind.« Hm. Tatsächlich tun solche
Äußerungen an manchen Tagen richtig gut.

Unweit von Saarbrücken klingeln Britta Stuff und ich an
einem kleinen, einfachen Häuschen. Neu eingesetzte Fenster,
ein paar unlängst in den Vorgarten gepflanzte Blümchen aus
dem Gartencenter. Der Facebook-Timeline des Nutzers ist zu
entnehmen, dass hier ein junges, frisch verheiratetes Paar wohnt.
Es ist Nachmittag. Unser Klingeln wird nur vom Bellen eines
Hundes beantwortet. Hinter der Milchglasscheibe lassen seine
Umrisse schemenhaft erkennen, dass es sich um ein großes Tier
handelt. Niemand öffnet uns. Irgendwie bin ich darüber erleichtert. Aber natürlich wollen wir nicht unverrichteter Dinge abreisen. Wir bleiben erst mal im Wagen sitzen, hoffen, dass der
Verfasser nach Feierabend von der Arbeit kommt. Und unser
Warten wird belohnt: Nach einiger Zeit fährt tatsächlich ein
Auto in die Auffahrt am Haus.

»Guten Tag, ich bin Renate Künast.« Ich zeige ihm eine Kopie seines Posts. »Das waren Sie, oder?« Er reagiert reserviert, wiegelt ab. Meine Frage: »Geht man so miteinander um?« – »Das war sicher im Affekt.« Diese Art von Antwort kommt mir langsam bekannt vor.

Wir beginnen zu reden, draußen auf dem Bürgersteig, zwischen seinem Haus und unserem Auto. Wir tänzeln. Ich einen Schritt auf ihn zu, er einen Schritt zurück. Dann andersrum, hin und her. Ihm ist sichtlich unwohl. Seine Frau kommt aus dem Haus dazu. Ihre langen Haare sind noch feucht. Sie war unter der Dusche und hatte deshalb auf das Klingeln nicht reagiert. Sein Gesicht ist jetzt von einem leichten Rotton überzogen. In Gegenwart seiner Frau wird ihm die Sache peinlich, das ist ihm anzusehen. Es erinnert mich an das Gespräch in Potsdam. Der nette Meister, mit dem ich mich dort unterhielt, hatte mir erklärt, seine Ehefrau weise ihn regelmäßig zurecht, man könne so was anderen Menschen nicht schreiben. So ist es auch hier. Die Frau mit den nassen Haaren lässt durchblicken, dass sie mit den Posts und Tweets ihres Gatten nicht einverstanden ist.

Dessen Unwohlsein nimmt zu. Wie ein Schüler fragt er, ob er gehen darf. Aber so schnell lasse ich nicht locker: »Ich will mit Ihnen darüber reden, warum Sie mich so anschreiben. Warum nennen Sie mich Gesindel?«

»Nehmen Sie das doch nicht so ernst.« Und dann: »Wissen Sie, wie man mich manchmal nennt? Arschloch oder Nazi.«

Seine Ausflüchte sind von zahlreichen »Achs« unterbrochen. »Ach«, sagt er auch auf meine Frage, ob man denn in unserem Land so miteinander reden sollte. Ob er wirklich jemandem wünsche, Opfer einer Gewalttat zu werden. Wie er es ja offenbar meiner Familie ausdrücklich wünscht.

Wir landen bei der vermeintlichen Anonymität des Internets. Als entschuldige das die Dinge: Er habe es gar nicht so gemeint. Und ob ich nicht auch in meinem Bekannten- oder Freundeskreis so rede. Ihm sei auch gar nicht klar gewesen, dass mich sein Tweet erreiche, dass ich ihn lese. Er habe sich halt gefragt, wie eine Frau, die keine Erfahrung mit Waffen habe, einfach Polizisten beschuldigen könne.

Wir tänzeln weiter und landen bei einem neuen Thema: Strafen. Er gibt sich als Anhänger der Todesstrafe zu erkennen. Wieso, fragt er, sollen wir als Steuerzahler die Haftkosten tragen für Menschen, die schwere Gewalttaten begangen haben? Der Staat ist ihm zu schwach. Er ignoriert mein Argument, es gebe ja auch Fehlurteile, die Todesstrafe könne so auch eine unschuldige Person treffen, das Urteil wäre dann aber nicht mehr rückgängig zu machen. »Dann ist das halt so«, sagt er. Bisher ist es ihm schwergefallen, mir in die Augen zu sehen. Bei diesem Thema wird er richtig munter.

Ich frage mehrmals nach, was er arbeitet. Aber das will er mir nicht sagen. Er und seine Frau starren viel an mir vorbei, in eine leere Ferne. Vielleicht erhoffen sie sich von dort irgendein Zeichen, dass dieses Gespräch endlich zu Ende geht. Als wir uns verabschieden, wirken sie erleichtert.

Ich glaube, dieser Mann empfand meinen Besuch wirklich als »Heimsuchung«. So hatte *Der Spiegel* Britta Stuffs Reportage übertitelt.

Gefährliche Technik ...

Vieles deutet darauf hin, dass das Böse in uns Menschen in den unkontrollierbaren Räumen sozialer Netzwerke neu erwacht. Dass Menschen in Filterblasen und Echokammern dazu verleitet werden, sich nachts an den Computer zu setzen und andere mit Schmähungen zu überziehen, in einer Sprache, die sie vermutlich ihren eigenen Kindern am Mittagstisch verbieten.

Erleben wir mit der Digitalisierung gerade etwas Ähnliches wie die Spanier, als sie Amerika entdeckten? Damals begingen viele Konquistadoren unvorstellbare Grausamkeiten gegenüber den Einheimischen. Entsetzt berichteten christliche Mönche wie Bartolomé de Las Casas dem spanischen König von den Untaten seiner Landsleute, von Gräueltaten, die so gar nicht zum christlichen Menschenbild der zu dieser Zeit besonders christlichen Spanier (ihre Herrscher nannten sich »die katholischen Könige«) passten. Der König versuchte, die Konquistadoren durch ein Gesetz zur Ordnung zu rufen, das die Versklavung der amerikanischen Ureinwohner verbot. Doch die Eroberer Amerikas wussten, dass der Arm des spanischen Gesetzes nicht bis über den Atlantik reichte. Niemand war in der Lage, ihr Handeln in Übersee zu kontrollieren. Am Ende hatte der spanische König selbst so viel an der Ausbeutung Amerikas verdient, dass die Konquistadoren ihn erfolgreich zwangen, sein menschenfreundliches Gesetz wieder zurückzunehmen.

Wie einst die Konquistadoren betreiben die sozialen Plattformen – wie wir Facebook, Google und Co. nennen – ihr Geschäft in einem neuen Bereich, der mit unseren bisherigen Methoden schwer zu kontrollieren ist. So mancher Internet-Hater entzieht sich der Strafverfolgung, da er seine wahre Identität bei der Anmeldung des Accounts nicht angibt. Auf der anderen Seite kooperieren die Anbieter unterschiedlich bereitwillig mit den nationalen Strafverfolgern. Für die Verbreitung von Hass wird deshalb so mancher nicht zur Verantwortung gezogen.

Verlieren die Menschen in Räumen, in denen sie sich nicht kontrolliert fühlen, alle Hemmungen? Es wäre eine Bestätigung der These, dass uns die digitale Kommunikation vor ganz neue Herausforderungen stellt. Dass wir, wie Sascha Lobo es formuliert hat, eine digitale Ausgabe der Zivilisierung brauchen, bei der wir den menschlichen Umgang miteinander neu lernen müssen. Mich persönlich hat zumindest am Anfang noch überrascht, dass im Internet Formulierungen verwendet werden, die man allenfalls am Stammtisch erwarten würde, die aber die meisten im analogen Leben aus Scheu gar nicht benutzen. Vor allem dann nicht, wenn der Sprecher seinem Gegenüber in die Augen sehen muss.

... oder gefährliche Politik?

Inzwischen denke ich allerdings, wer im Internethass nur den Ausdruck von Emotionen sieht, eine sich entfesselnde Grausamkeit, die dem Menschen nicht auszutreiben ist, der unterschlägt, dass die Hass-Kommunikation im Netz nicht nur Emotionen, sondern auch Inhalte transportiert. Sie ist viel weniger harmlos, als manche denken, die darin eine irgendwie verständliche Wut auf die Regierenden und eine falsche Politik sehen. Denn Hatespeech ist voll von Ressentiments. Die große Mehrheit der Hatespeech-Posts und -Tweets ist nicht nur beleidigend, verletzend und von Gewalt durchsetzt, sondern auch rassistisch, antisemitisch, fremdenfeindlich, frauenfeindlich oder homophob. Fast immer richten sich die Posts gegen Angehörige von Minderheiten und Personen, die sich für diese Minderheiten einsetzen: Muslime, Juden, Migranten, Homosexuelle sowie Journalisten, Politiker und alle, die sich aktiv und öffentlich zu einer weltoffenen Gesellschaft bekennen. Es trifft Menschen, die sich beruflich oder ehrenamtlich in sozialen Projekten oder für Flüchtlinge engagieren. Und es trifft, das lässt sich mit Zahlen belegen, besonders Frauen. Mit anderen Worten: Das Ressentiment gehört zum Wesen der Hass-Kommentare.

Treten sie gebündelt auf, sind Homophobie, Fremden- und Frauenfeindlichkeit, Rassismus und Antisemitismus vor allem für die extreme politische Rechte charakteristisch. Man kann daher vermuten, dass die Milieus sich überschneiden. Die Annahme liegt nahe, dass sich eine große Zahl der Internet-Hater rechts bis weit rechts von der Mitte des politischen Spektrums aufhält. Dennoch gibt es Gründe, den Internethass nicht voreilig mit rechtspopulistischen oder gar rechtsextremen Gesinnungen gleichzusetzen.

Ein Punkt, der dagegen spricht, ist die Tatsache, dass politischer Populismus, der auf Emotionalisierung und einfache Lösungen setzt, nicht nur am äußeren rechten Rand des politischen Spektrums beheimatet ist. Genauso wie der Extremismus. Dass die Büros von Abgeordneten der AfD häufig Angriffen von linksextremen Aktivisten ausgesetzt sind, mag ein Beleg sein. Vor allem frage ich mich, inwiefern Internethass und rechtsextreme Tendenzen wirklich zusammenhängen, wenn man bedenkt, dass der politische Rechtsextremismus in den verschiedenen Ländern der Welt ganz unterschiedliche Ausprägungen und Traditionen hat, während Internethass und Gewaltverherrlichung weltweit auftretende Phänomene sind.

Eindrucksvoll belegt dies die Langzeitdokumentation des

norwegischen Filmemachers Kyrre Lien, der die »Internet War-
riors« nicht nur in den der westlichen Hemisphäre zugehörigen«
Ländern Europas und den USA aufspürt, sondern genauso in
Russland und dem arabischen Raum.

Die Frage ist also, welcher Zusammenhang zwischen dem
Erstarken des Rechtspopulismus und der Verrohung der Kom-
munikation in den sozialen Netzwerken besteht. Auf welche
Weise wirken die digitale und die analoge Welt aufeinander?

Kein Ereignis in jüngster Zeit hat diesen Zusammenhang so
deutlich gemacht wie die Wahl Donald Trumps zum Präsidenten der USA. Hier haben die Online-Hater die Wahl entschieden
beeinflusst: Menschen, die sich nicht als Teil der amerikanischen Gesellschaft und ihrer öffentlichen Diskurse sehen, sondern »das System«, »die Presse«, »das Establishment«, demokratische Strukturen usw. von außen attackieren. Sie nutzten alle
Wege der digitalen Kommunikation, um sich Gehör und Einfluss zu verschaffen. Der von ihnen erzeugte Sog versetzte den
Repräsentanten der Politik und den Vertretern der traditionellen Medien einen Schock. Bis zur Wahlnacht hielt niemand
einen Sieg Trumps ernsthaft für möglich. Niemand hielt für
möglich, dass er, der eine Geschmacklosigkeit auf die andere
häufte, der Migranten, Mexikaner, Frauen, Muslime und Menschen mit Behinderungen beleidigte und demütigte, nicht etwa
trotzdem siegte, sondern *gerade deshalb*. Und alle, die sich davon
abgestoßen fühlten, fragten sich: Warum ist es uns nicht gelungen, Trumps Siegeszug ins Weiße Haus zu stoppen?

Gerade die Wahl Donald Trumps zeigt, dass der Hass im
Netz, der sich gegen das kritisierte politische »Establishment«
richtet, von rechtsextremen politischen Kreisen gespeist wird,
die sich seit Jahrzehnten organisieren und kurioserweise zum
Teil selbst dem Establishment angehören. Besonders deutlich

wird dies in der Person Stephen Bannons, den Donald Trump kurz vor der Wahl in sein Team holte und der heute zu seinen Beratern im Weißen Haus gehört. Bannon zählt seit Jahren zu einer rassistischen, von der Überlegenheit der »weißen Rasse« überzeugten Minderheit, die sich in verschiedenen Netzwerken organisiert. Als Chefredakteur von *Breitbart News* gehörte er der sogenannten »Alternative Right« an, einer Bewegung am äußeren rechten Rand. Donald Trump verdankt seine Wahl zu einem nicht unwesentlichen Teil der Tatsache, dass es rechtsextremen Aktivisten wie Bannon gelungen ist, die öffentlichen Diskurse zu kapern, alle Regeln des Anstands und der Wahrung der Menschenwürde zu unterlaufen und damit Ressentiments gegen Minderheiten wieder hoffähig zu machen.

Vor und bei der US-Wahl waren es Internet-Hater, die Trump ins Amt verhalfen; nach der Wahl nehmen Rassismus und Fremdenfeindlichkeit in den USA deutlich zu. So ist allein die Zahl antisemitischer Übergriffe in den ersten hundert Tagen der Amtszeit Donald Trumps gestiegen.[29] Wer wissen will, wo der Hass im Internet seinen Nährboden hat, muss deshalb auch danach fragen, wie stark rechtspopulistische bis rechtsextreme Positionen in der Gesellschaft verankert sind. Er muss herausfinden, in welchen Bevölkerungsgruppen sie besonders verbreitet sind, wie lange sie schon um sich greifen und ob sie in den letzten Jahren zugenommen haben. Das gilt nicht nur für die amerikanische Gesellschaft, sondern auch für die aller anderen Staaten.

Rechtsextremismus: eine (immer noch) unterschätzte Gefahr

Seit ich bei den Grünen bin (1979), gehören die Frage nach rechtsextremen Einstellungen in der deutschen Gesellschaft und die Bekämpfung der Gefahr von rechts zu meinen politischen Kernthemen. Ich bin 1955 geboren, für mich war es selbstverständlich, meine Eltern und Verwandten zu fragen, wie der Nationalsozialismus entstehen konnte, wie es zum Holocaust kam und wie sie selbst sich verhalten hatten. Die Antworten waren unbefriedigend. Vielleicht hat mich die Frage deshalb immer umgetrieben?

Anfang der Neunzigerjahre, kurz nach dem Fall der Mauer und der deutschen Einheit 1990, erlebten wir immer häufiger gewalttätige Vorfälle mit fremdenfeindlichem Hintergrund. Ich habe die Bilder noch vor Augen, als sei es gestern gewesen: der brennende Plattenbau in Rostock-Lichtenhagen und die Menschen, die draußen als Zuschauer offenbar noch gehässige Freude hatten. Damals forderte ich als Berliner Abgeordnete zusammen mit vielen anderen: Wir müssen gemeinsam auf die Straße gehen und für Artikel 1 Absatz 1 Satz 1 des Grundgesetzes eintreten, der da lautet: »Die Würde des Menschen ist unantastbar.«

Es gab mir Kraft und Zuversicht, dass nach den Vorfällen in Hoyerswerda und Rostock, wo Asylbewerber um ihr Leben fürchten mussten, am Vorabend des 9. November 1992 fast dreihundertfünfzigtausend Menschen durch das Zentrum von Berlin zogen. Dreihundertfünfzigtausend Menschen versammelten sich zu einem Aufstand der Anständigen und zeigten ihr Gesicht! Diese Zahl war nicht nur beeindruckend, sondern auch beruhigend. Leider erklärte die Berliner CDU-Fraktion, selbst aus diesem Anlass – den Brandanschlägen auf Asylbewerberheime,

Beifall klatschenden Zuschauern – werde sie keinen Aufruf unterschreiben, an dem sich auch die Fraktion der damaligen PDS, der heutigen Linken, beteilige. Lange saßen wir mit Hanna-Renate Laurien, der Parlamentspräsidentin des Berliner Abgeordnetenhauses, zusammen und diskutierten, wie wir zu einem angemessenen Aufruf kommen könnten. Frau Laurien löste das Problem dann auf ihre bekannte resolute Art: »Ich rufe einfach als Präsidentin im Namen aller Fraktionen auf. Dann muss niemand etwas unterschreiben. So machen wir das.« Darüber war ich sehr froh.

Einige Jahre später, 1998, kündigte die NPD an, sie wolle in Berlin durch das Brandenburger Tor ziehen. Sie scheiterte, denn es fanden sich Menschen zusammen, die eine »Dichterlesung gegen rechts« organisierten. Sie hatten rechtzeitig ihren Anspruch auf den Platz am Brandenburger Tor angemeldet und vereitelten damit die Pläne der NPD.

Am 29. Januar 2000 aber – ein Tag vor dem symbolträchtigen 30. Januar, dem Tag der Machtergreifung durch die Nationalsozialisten – marschierten dann tatsächlich Rechtsextreme durch das Brandenburger Tor. Wie die *BILD*-Zeitung am 1. Februar 2000 berichtete, trugen sie Reichsfahnen, die *Morgenpost* vom 31. Januar 2000 schilderte, dass Rufe wie »Ruhm und Ehre der Waffen-SS« laut wurden. Der Marsch der Neonazis führte am Gelände des geplanten Holocaust-Mahnmals vorbei zum Symbol der Stadt. Ich erinnere mich noch gut an das Entsetzen, das diese Aktion auslöste, über die auch die ausländische Presse besorgt Bericht erstattete. Der Protest war gegen das geplante Holocaust-Mahnmal angemeldet worden, ein Verbot der Berliner Polizei hatte das Oberverwaltungsgericht in zweiter Instanz aufgehoben – mit Verweis auf die in Artikel 8 des Grundgesetzes geregelte Versammlungsfreiheit.[30]

Wir waren aufgebracht und getroffen. Die Neonazis hatten ihren Marsch mit der Reichsfahne durch das Brandenburger Tor geschickt in Szene gesetzt. Gerade der unverhohlene Bezug auf den Nationalsozialismus alarmierte uns. Obwohl es eine Gegendemonstration gab, hatte niemand verhindern können, dass sie damit ein altes Bild wiederbelebten. Wir fühlten uns zu Gegenwehr und Kreativität herausgefordert.

Also nahmen wir das Versammlungsrecht genauer unter die Lupe und stellten fest, dass die erlaubte Strecke für eine Demonstration unter anderem davon abhängt, wie die Polizei ihre Möglichkeiten einschätzt, Sicherheit und Ordnung zu gewährleisten. Eventuelle Bedenken können zu Auflagen und Verboten führen. Als Neonazis und Rechtsextreme erneut eine Demonstration anmeldeten, reagierten wir sofort mit der Anmeldung einer eigenen Demonstration, die ebenfalls am Brandenburger Tor stattfinden sollte. Wir wussten, was wir zu sagen hatten, wenn uns der für die Organisation zuständige polizeiliche Staatsschutz darauf hinwies, dass nach Rechtsprechung der Erstanmelder das Vorrecht auf den Ort hat. Wir erklärten schlicht, dass wir uns nicht an Auflagen halten würden, den Ort zu meiden. Wir hätten bereits zur Demonstration aufgerufen und eine Vielzahl von Medien informiert, auch über die geplante Missachtung von Auflagen. Dieser Aufruf sei nicht mehr zu stoppen. Das führte zu Sicherheitsbedenken, und so erteilte das Verwaltungsgericht beiden Anmeldern ein Verbot für das Brandenburger Tor. Die Polizei war nicht traurig darüber, auch sie wollte das Bild von Menschen, die mit der Reichsfahne durch das Brandenburger Tor marschieren, nicht noch einmal sehen. Wir auch nicht, wir waren froh. Wir hatten ja gewonnen.

Damals erschien vielen die Sache klar: Die Anhänger der rechtsextremen Parteien NPD, DVU und Republikaner, das waren Alt-Nazis oder Neonazis. Eine gesellschaftliche Rand-gruppe, deren Mitglieder sich zum Nationalsozialismus bekann-ten. Die meisten von ihnen galten als brutal und ungebildet. Neonazis und Skinheads grenzten sich durch Glatzen und Sprin-gerstiefel auch äußerlich von der Mehrheit ab. Umgekehrt wollte der größte Teil der Deutschen nicht mit ihnen in Verbindung gebracht werden. Gelang es doch einmal einer rechtsextremen Partei, bei Wahlen die Fünf-Prozent-Hürde zu überspringen und in einen Landtag einzuziehen, fehlte es ihr meist an kompe-tentem Personal. Nicht selten machten Politiker von DVU oder NPD sich durch ihre eigene Unfähigkeit auf der politischen Bühne lächerlich.

Lange Zeit schien es keinen Zweifel darüber zu geben, dass rechtsextremes Gedankengut wenig Chancen hatte, in eine breitere Öffentlichkeit vorzudringen. Viele glaubten, der Schock über den Zivilisationsbruch der NS-Zeit habe gerade uns Deut-sche gegen politische Verführer von rechts außen immunisiert. Und hatte die Generation der Achtundsechziger nicht dafür ge-sorgt, dass wir uns geradezu vorbildlich mit unserer Schuld aus-einandersetzten? Hatten wir nicht einen mühsamen Kampf ge-gen alle geführt, die sich gegen eine Aufarbeitung der NS-Zeit wehrten?

Heute wissen wir: Der Kampf ist nicht zu Ende. Denn Mitte der Achtzigerjahre begannen Rechtsextreme, sich neu zu orga-nisieren. Auf einmal gaben sie sich seriös, traten in Anzügen oder schlimmstenfalls mit »coolen« Kapuzenpullovern auf und warben in Schulen, Universitäten und Unternehmen um An-hänger. 1986 gründete Dieter Stein die Zeitschrift *Junge Frei-heit*, die unter anderem von Burschenschaften verteilt wurde und sich zum Sprachrohr einer Strömung entwickelte, die in-zwischen die Bezeichnung »Neue Rechte« erhalten hat.[31] Stein, noch heute Chefredakteur der *Jungen Freiheit,* war mit Unterbrechung bis 1990 Mitglied der Republikaner; im Februar 2017 schickte die AfD ihn als einen ihrer Vertreter in die Bundesversammlung zur Wahl des Bundespräsidenten. Damit sind zwei Eckpunkte der Neuen Rechten miteinander verbunden: die *Junge Freiheit,* bis heute ein zentrales Organ der Neuen Rechten, und die AfD, die rechtsextreme Positionen zwar bestreitet, aber immer wieder durch Personal auffällt, das dem breiten Spektrum politischer Akteure und Aktivisten innerhalb der Neuen Rechten angehört.

Wer allerdings in den vergangenen Jahrzehnten vor sich ausbreitendem Rechtsextremismus warnte und zu Gegenmaßnahmen aufforderte, wurde nicht selten belächelt. Ich selbst habe das erlebt, als ich im Jahr 2000 Parteivorsitzende der Grünen wurde und in meiner ersten Pressekonferenz ankündigte, ich wolle mich dem Kampf gegen den sich neu strukturierenden Rechtsextremismus widmen. Die mir gegenübersitzenden Journalisten gähnten. Hatten wir Grüne nichts Besseres zu tun, als eine Gefahr zu bekämpfen, die es gar nicht gab?

Ich war durch meine Kontakte besser informiert. So hatte ich zum Beispiel Bernd Wagner kennengelernt, in der DDR ehemals Kriminalist, der sich nach der Wende besonders mit dem Rechtsextremismus auseinandersetzte und das Aussteigerprojekt *Exit* betrieb. Er erzählte mir von einer Öffnung der NPD, die sich systematisch mit Kameradschaften verband. Davon, dass sie immer stärker in die Musikszene drängten, Jugendlichen CDs schenkten. Er mahnte uns, diese Veränderungen wahrzunehmen, zu sehen, dass Jugendliche in einigen Regionen wenig Raum haben, sich demokratisch zu verhalten, weil sie dadurch zu Außenseitern werden.

Der Bielefelder Soziologe Wilhelm Heitmeyer führte zusammen mit einem Forscherteam in den Jahren 2001 bis 2011 eine Untersuchung durch, deren Ergebnisse das Team in zehn Bänden unter dem Titel *Deutsche Zustände* veröffentlichte. In dieser Studie entwickelte er das Konzept der »gruppenbezogenen Menschenfeindlichkeit«, um Vorurteile gegen Minderheiten in der Gesellschaft zu untersuchen. Auch Heitmeyer beklagt heute in Interviews, er sei mit seinen Warnungen lange Zeit auf Unverständnis und Ablehnung gestoßen. Als der Soziologe seine Studie begann, hatte er bereits fast zwei Jahrzehnte lang darauf hingewiesen, dass sich rechtsextremistisches Gedankengut bis in die Mitte der Gesellschaft ausbreitete. Doch große Teile der Politik und Öffentlichkeit ignorierten diese Hinweise. Man diskreditierte die Erkenntnisse der Soziologen als linke, »kommunistische Propaganda«; vor allem CDU und FDP wollten von rechtsextremen Tendenzen in der deutschen Bevölkerung nichts wissen. Ein schönes Beispiel, erzählt Heitmeyer, sei Kurt Biedenkopf gewesen. Biedenkopf, von 1990 bis 2002 sächsischer Ministerpräsident, behauptete schlicht: »Wir Sachsen sind immun gegen den Rechtsextremismus.« Selbst »intelligente Wochenblätter« sprachen, wie Heitmeyer rückblickend beklagt, angesichts der Schlüsse, die er aus seinen Forschungen zog, von einem »Bielefelder Alarmismus«. Die schleichenden Prozesse, die zu den rechtsextremistischen Bewegungen führten, übersah man oder tat sie als Erfindungen von wild gewordenen Sozialwissenschaftlern ab.[32]

Auf dem rechten Auge blind

Die deutsche Politik und der öffentliche Diskurs waren lange durch eine doppelte Verweigerung gegenüber der Wirklichkeit geprägt: Nicht nur die Gefahr von rechts außen wollte niemand sehen. Ähnlich blind zeigte man sich auch gegenüber der Tatsache, dass sich das Land der Wirtschaftswunderjahre in ein Einwanderungsland verwandelte. Insbesondere die CDU beharrte auf der völlig irrealen Vermutung, die seit 1960 angeworbenen »Gastarbeiter« würden nach getaner Arbeit samt und sonders in ihre Heimatländer zurückkehren. Deutschland sei kein Einwanderungsland, lautete die mantraartig wiederholte Devise. So hielt sich in der Bevölkerung lange Zeit der Glaube, eine sogenannte Einwanderungsgesellschaft und damit die Öffnung der Gesellschaft für eine größere kulturelle Vielfalt, sei eine Wunschvorstellung der Grünen und nicht etwa eine Realität, die sich infolge der von CDU-Regierungen ausgehandelten Anwerbeabkommen für Gastarbeiter aus der Türkei, Griechenland, Tunesien, Spanien, Italien und Jugoslawien zwangsläufig einstellen würde.

Wo keine Veränderung stattfindet, gibt es keinen Handlungsbedarf, und wo niemand einwandert, gibt es keinen Integrationsbedarf. Also kümmerte man sich weder um die Finanzierung von Deutschkursen noch um die Frage, wie das Zusammenleben zwischen Einheimischen und Zuwanderern gelingen kann.

Bis heute sind aus diesem Grund in vielen Bundesländern Projekte unterfinanziert, die der Prävention rechter Gewalt, der Bildung und Aufklärung über die nationalsozialistische Vergangenheit oder der Stärkung der Zivilgesellschaft dienen. Modellprojekte auf Bundesebene müssen seit Jahren regelmäßig um ihre Weiterfinanzierung bangen.

Beharrlich weigerten sich konservative Regierungen, die Themen Zuwanderung und Integration auf die politische Tagesordnung zu setzen. So fehlt es bis heute an einer modernen gesetzlichen Regelung der Einwanderung, während viele ehemalige Gastarbeiter inzwischen längst in Deutschland geborene Enkelkinder haben. Integration wurde in großen Teilen versäumt, und Integrationskurse wurden erst mit der rot-grünen Reform des Staatsangehörigkeitsgesetzes eingeführt.

Dabei muss selbst die CDU inzwischen eingestehen, dass die Behauptung, es gebe hier keinen Bedarf, nicht der Wirklichkeit entspricht und nie entsprochen hat. Ein Beispiel dafür lieferte der Grüne Daniel Cohn-Bendit, der schon in den Achtzigerjahren für die Stadt Frankfurt ein »Dezernat für Multikulturelles« forderte. Die Frankfurter wählten 1989 den Sozialdemokraten Volker Hauff zum neuen Oberbürgermeister, der den Vorschlag aufnahm und Cohn-Bendit zum ehrenamtlichen Leiter des neu geschaffenen »Amts für Multikulturelle Angelegenheiten« machte. Bis 1997 blieb er dessen erster Dezernent, ehe er für die Grünen ins Europäische Parlament wechselte. Die Frankfurter CDU wetterte unterdessen lautstark gegen »Multikulti« und bemühte sich Wahlperiode um Wahlperiode, das in ihren Augen überflüssige Amt abzuschaffen. Als dann aber 1995 mit Petra Roth erstmals wieder ein Mitglied der CDU zur Oberbürgermeisterin von Frankfurt gewählt wurde, erklärte diese ihrer eigenen Partei: Das Amt für Multikulturelle Angelegenheiten bleibt, es hat in den vergangenen Jahren unverzichtbare Arbeit für die Integration von Zuwanderern geleistet.

Die konservativen Parteien wollten es den Deutschen nicht zumuten, sich der Zuwanderung zu öffnen und kulturelle Vielfalt zu akzeptieren, die es ja historisch längst gab. Ich bin im Ruhrgebiet geboren und aufgewachsen, da zeigte schon die Vielfalt der Namen, dass der Pott im wahrsten Sinne des Wortes eine Art Schmelztiegel ist.

Gleichzeitig zeigten sich die Konservativen auf dem rechten Auge blind. Eine Strategie, die nicht ohne Folgen blieb. So kam die Polizei den Verbrechen des NSU nicht auf die Spur, weil es, da eine ernst zu nehmende Gefahr von rechts ja nicht existierte, erst recht keine ausländermordende Nazi-Bande geben konnte. Stattdessen verdächtigten die Ermittler die Opfer und deren Umfeld. Ganz den Vorurteilen entsprechend, mit denen später auch Thilo Sarrazin provozierte, hielt man es für wahrscheinlicher, dass die Mörder im »kriminellen Ausländermilieu« zu suchen waren. 2011 kam die Wahrheit ans Licht; eine veritable Blamage für den Staat, den Verfassungsschutz und die Polizeiarbeit in den betroffenen Bundesländern.

Als die Morde des NSU und das jahrelange Versagen der ermittelnden Behörden, allen voran des Verfassungsschutzes, öffentlich bekannt wurden, nahmen die Innenminister mehrerer Bundesländer dies zum Anlass, sich zum zweiten Mal um ein Verbot der rechtsextremistischen Nationaldemokratischen Partei Deutschlands NPD zu bemühen. Ein erster Versuch war 2003 gescheitert. Nachdem das Gericht Verfahrensfehler festgestellt hatte, konnte nicht einmal die Voraussetzung für ein Verbot, die Verfassungswidrigkeit der Partei, geprüft werden. Nun aber bereiteten die Landesinnenminister ab 2013 einen erneuten Verbotsantrag vor, der im Dezember desselben Jahres vom Bundesrat beim Bundesverfassungsgericht eingereicht wurde. Auch diesen zweiten Antrag lehnten die Richter im Januar 2017 ab.

Dabei wurden die Antragsteller wieder einmal von der Wirklichkeit überholt. Denn als das Bundesverfassungsgericht sich Anfang März 2015 drei Tage lang mit den Voraussetzungen eines möglichen NPD-Verbots beschäftigte, hatte Deutschland sich verändert. Zum ersten Mal seit dem Zweiten Weltkrieg hatte mit der AfD eine Partei rechts von der CDU/CSU den Sprung in mehrere Landtage geschafft (Brandenburg, Sachsen, Thüringen; inzwischen sind neun weitere Landtage dazugekommen). Und seit gut einem halben Jahr, seit Oktober 2014, hetzte Pegida jeden Montag auf den Straßen lauthals gegen die Bundesregierung, die »Lügenpresse« und das Hirngespinst einer »Islamisierung« Deutschlands. Ich verfolgte im März 2015 die Verhandlungen in Karlsruhe und war irritiert. Saßen wir über die falschen Leute zu Gericht? Fiel niemandem auf, dass die größte Gefahr des Rechtsextremismus längst nicht mehr von Parteien wie der NPD ausging – und dass deshalb auch ihr Verbot wenig ausrichten würde?

Die Neue Rechte

Wie weit »rechts« darf man AfD und Pegida einordnen? Darf man sie als rechtsextrem bezeichnen? Oder schwingt man damit die verbale Nazi-Keule, handelt es sich um ein überzogenes Urteil, das »besorgte Bürger« zu Unrecht in die rechte Ecke stellt?

Der Historiker Volker Weiß beschreibt in seinem aktuellen Buch *Die autoritäre Revolte. Die NEUE RECHTE und der Untergang des Abendlandes*[33] eine Strömung von Parteien, außerparlamentarischen politischen Bewegungen und Aktivisten: Das Spektrum dieser »Neuen Rechten« reicht von alteingesessenen rechtsextremen Parteien (Republikaner, NPD), der Neonazi-Szene und noch jungen rechtsextremen Formierungen wie der

Identitären Bewegung bis hin zu AfD und Pegida. Sie alle bewegen sich in einem Netzwerk, dessen Verknüpfungen in weitreichenden personellen und inhaltlichen Verbindungen bestehen. Wobei inhaltlich die Übergänge zwischen nationalkonservativem, völkisch-nationalem und rechtsextremem Gedankengut fließend sind.

Die Verknüpfungen zwischen der AfD und rechtsextremen Gruppierungen beschreibt auch der Magdeburger Rechtsextremismusexperte David Begrich: »Faktisch ist es so, dass es ein Interaktionsverhältnis gibt, das an Personen gebunden ist. Es gibt zum Beispiel Überschneidungen zwischen Fraktionsmitarbeitern und dem Umfeld der Identitären. Ich muss ja nicht institutionell miteinander zu tun haben, wenn ich mich sowieso auf den gleichen Veranstaltungen treffe. Das ist ein Kontaktnetzwerk eines Milieus, das ganz gut mit verteilten Rollen agieren kann.«[34]

Der Historiker Weiß porträtiert die Neue Rechte nicht nur im Querschnitt, sondern nimmt auch einen Längsschnitt in die Vergangenheit vor, indem er ihre politischen Vorstellungen und Ziele bis in die Zwischenkriegszeit der Weimarer Republik zurückverfolgt. Dabei schält der Historiker die Kernthesen und Überzeugungen eines Denkens heraus, dessen Verfechter die Staatsform der Republik ablehnen und stattdessen der Idee eines Reiches anhängen, mit einer starken, autoritären Führung und einem ethnisch »reinen« Staatsvolk. Mit diesem Ziel rebellierten völkisch-national Gesinnte schon zwischen den beiden Weltkriegen gegen die Weimarer Republik und die Demokratie als Regierungsform.

Wie der Historiker absolut plausibel beschreibt, waren es wenige Schlüsselfiguren – überzeugte Anhänger der Nationalsozialisten –, die nach dem Zweiten Weltkrieg ihr politisches Erbe an nachfolgende Generationen weiterreichten (im Mittelpunkt seiner Darstellung steht der Schweizer Armin Mohler, ein Schüler von Ernst Jünger und des rechtskonservativen Politologen Carl Schmitt. Mohler wurde – trotz seiner freiwilligen Mitgliedschaft bei der SS – 1964 zum Geschäftsführer der 1958 von Ernst von Siemens gegründeten Carl Friedrich von Siemens Stiftung und in den Siebzigerjahren Berater von Franz-Josef Strauß).

Bei dieser Kontinuität wäre es wohl falsch, von einem Neuanfang rechtsextremen Denkens zu sprechen. Wenn sich die »Neue Rechte« spätestens mit der Gründung der *Jungen Freiheit* durch Dieter Stein 1986 neu formierte, dann als eine jüngere Generation, die sich von ihren Vorgängern dadurch unterscheidet, dass sie zur Durchsetzung der alten Vorstellungen und Ziele modernere Methoden wählt.

Etwa seit den Siebzigerjahren verfolgen nationalkonservative Aktivisten das Ziel, eine konservative Plattform rechts von der CDU zu schaffen. Hauptgegner war der Liberalismus, also eine weltoffene, freiheitliche und pluralistische Ordnung, die Teile Europas und die USA zum sogenannten Westen miteinander verbindet. Die Nationalkonservativen wollten, salopp formuliert, den Konservativen den Liberalismus austreiben; sie wollten verhindern, dass die CDU sich auf einen Modernisierungskurs begab. Anstelle eines Bündnisses mit den USA träumten sie von einem antiliberalen deutschen Staat, der weder mit den USA noch mit Russland Bündnisse einging.

Es war gar nicht Angela Merkel – der man gemeinhin vorwirft, die konservativen Inhalte der CDU verraten zu haben –, sondern schon Helmut Kohl, der diese Hoffnungen enttäuschte. Anstatt nach der Wende den von der DDR-Regierung enteigneten Grund an die ehemaligen Besitzer zurückzugeben, erkannte die Kohl-Regierung die DDR-Bodenreform als rechtsgültig an.

Ebenso wie sie den Verlust der ehemals deutschen Gebiete östlich der Oder-Neiße-Grenze endgültig besiegelte, womit sie die Ansprüche von Geschichtsrevisionisten und Vertriebenenverbänden ein für alle Mal enttäuschte und beerdigte. Es ging um die deutsche Einheit.

Rechts in und von der CDU wurde der Verlust beklagt, ähnlich wie die spätere gesellschaftliche Öffnung zur Mitte hin, die man Kanzlerin Merkel zuschreibt.

So wetterte Dieter Stein 2009 in einem Leitartikel in der *Jungen Freiheit*, die CDU habe sich sogar »an die Spitze des feministischen ›Gender Mainstreaming‹-Projekts und einer sozialistischen Familienpolitik« gesetzt, anstatt am traditionellen Familienbild festzuhalten und Widerstand »gegen die Homoehe« zu leisten.[35]

Da man sich von den etablierten konservativen Parteien unverstanden fühlte, bemühte die »Neue Rechte« sich seit den Achtzigerjahren abseits vom organisierten Politikbetrieb, mithilfe von Zeitschriften und in informellen Netzwerken, »nicht die intellektuelle Lufthoheit über Stammtischen, sondern über Hörsälen und Seminarräumen« zu gewinnen. »[...] es geht um Einfluss auf die Köpfe, und wenn die Köpfe auf den Schultern von Macht- und Mandatsträgern sitzen, um so besser.«[36] Zu ihren zentralen Figuren wurden neben Dieter Stein der *Junge Freiheit*-Mitarbeiter Karlheinz Weißmann sowie Götz Kubitschek, der einen Verlag für rechtskonservative Schriften und die Zeitschrift *Sezession* betreibt. Weißmann und Kubitschek gründeten das »Institut für Staatspolitik«, eine Denkfabrik, die zur zentralen Plattform wurde. Das Institut machte seine Betreiber zu den wichtigsten intellektuellen Vertretern eines konservativen Denkens, das weit rechts von der CDU zu verorten ist. Heute geben sich auf Kubitscheks Rittergut im sachsen-anhaltinischen Schnellroda die Protagonisten der Neuen Rechten die Klinke in die Hand: vom NPD-Funktionär bis zum AfD-Abgeordneten.

Das war nicht immer so. Zunächst blieb die Neue Rechte unter sich, es handelte sich um einen relativ geschlossenen Zirkel, der von der Öffentlichkeit kaum wahrgenommen wurde. Lange Zeit rechnete niemand damit, dass sich das ändern würde. Dazu musste erst jemand Hilfestellung leisten, der nicht aus ihren eigenen Reihen kam. Als der SPD-Politiker Thilo Sarrazin im Jahr 2010 sein Buch *Deutschland schafft sich ab* veröffentlichte, ebnete er damit vielen Ideen der Neuen Rechten den Weg in die breite Öffentlichkeit. Was vorher undenkbar war, wurde auf einmal möglich: rechtspopulistische bis rechtsextreme Ideen medienwirksam zu diskutieren. Zum ersten Mal tauchten Kernbotschaften der Rechtsextremisten in einer breiten öffentlichen Debatte auf. Zu ihnen gehört die These, Deutschland schaffe sich selbst ab, indem es die eigene Bevölkerung der Überfremdung durch vornehmlich muslimische Zuwanderer aussetze. Als Sarrazin damit auf heftige Kritik stieß, folgte fast umgehend die Behauptung, die öffentliche Meinung in Deutschland sei gleichgeschaltet, die Presse eine Lügenpresse.[37] Da war er, dieser Vorwurf, den Pegida aufgegriffen hat und der mir in meinem Gespräch mit dem Verschwörungstheoretiker begegnete, mit dem ich mich in der Nähe von Köln unterhielt.

Damals empörten viele sich, weil Sarrazin Daten und Fakten auf äußerst manipulative Weise zu einem Untergangsszenario zusammenrührte, das von rassistischen und islamfeindlichen Vorurteilen nur so strotzte. Viele sahen in den unhaltbaren Thesen des Autors geistige Brandstiftung und fürchteten sich vor den Folgen. In der Rückschau scheint ihre Sorge berechtigt: Es dauerte kaum vier Jahre, bis die Neue Rechte mit der AfD eine politische Vertretung in den Parlamenten hatte. Und meiner Meinung nach spricht manches dafür anzunehmen, dass Sarrazins Buch ihnen einen Teil des Weges bereitete. Im Streit um seine Thesen sanken die Hemmschwellen, gerade weil Sarrazin, wie Volker Weiß beobachtet, als Finanzsenator der Stadt Berlin selbst Mitglied jenes politischen Establishments war, zu dem die Neue Rechte sich bewusst auf Distanz hielt. Infolge der Diskussion um Sarrazins Buch wurde es einfacher, rechte Inhalte öffentlich zu diskutieren.[38]

Dennoch sahen sich manche angesichts der Empörung über Sarrazins Buch veranlasst, ihrerseits eine mediale Hetzjagd auf den Autor zu beklagen und ihn so in dem Vorwurf zu bestärken, die Medien seien gleichgeschaltet. Damit hoben sie ein Grundmotiv aus der Taufe, das fünf Jahre später die Auseinandersetzung um die Anhänger von Pegida und der AfD prägte: die Behauptung, man dürfe in Deutschland seine Meinung nicht äußern. Zumindest dann nicht, wenn sie vom Mainstream der angeblich gleichgeschalteten Medien abweicht. Ich kann mich daran gut erinnern, ob in Veranstaltungen oder Fernsehtalkshows, stets lautete der Vorwurf: Wer nicht in das Horn von Sarrazin bläst, tut das nur, um die allseits bekannte »Wahrheit« zu vertuschen.

Erst gegen den Euro, dann gegen Flüchtlinge

»Die AfD war nicht die Neue Rechte, aber die Neue Rechte spielte in ihr eine zentrale Rolle«, schreibt Volker Weiß.[39] Als der Wirtschaftsprofessor Bernd Lucke im Februar 2013 die AfD gründete, fanden der Rechtspopulismus und mit ihm rechtsextreme Tendenzen eine Organisationsform, die das Ausmaß ihrer Verbreitung endlich sichtbar werden ließen. Ein Jahr vor der Parteigründung gab Lucke der *Jungen Freiheit* ein Interview; unter Rechtskonservativen kannte man sich. Lucke, der ursprünglich öffentlich nur mit dem wirtschaftspolitischen Ziel gestartet war, die Politik der Euro-Rettung zu bekämpfen, äußerte in öffentlichen Pressemitteilungen, Facebook-Posts, Interviews und Talkshows immer wieder Forderungen, die nahe an rechtsextremistische Positionen rührten oder sogar rechtsextremistisch waren. Ich habe ihn stets als jemanden empfunden, der in zwei Richtungen blinkt. Einerseits der gelehrte »neutrale« Professor, der sich Sorgen um die wirtschaftliche Entwicklung macht. Andererseits machte er vielfach mit Positionen auf sich aufmerksam, die weit außen rechts zu verorten sind. Das verschaffte der AfD zunächst eine rasant steigende Zahl von Anhängern. Indem Professor Lucke sich gegen die Brüsseler Bürokratie und den Euro wendete – unterstützt von Hans-Olaf Henkel, einem ehemals prominenten Vertreter der Wirtschaft –, machte er das Anti-Establishment-Denken salonfähig. Indem er mit rechtspopulistischen Positionen spielte, verhalf er zugleich den Rechtsextremen zu mehr Aufmerksamkeit. Auf einmal war es möglich, sich zu allen möglichen Ressentiments zu bekennen, ohne in die historische Schublade von Neonazi oder Nazi-Parteien wie der NPD, der DVU oder den Republikanern gesteckt zu werden. Damit löste Professor Lucke für die Rechtsextremen gewissermaßen das Organisationsproblem, das sie lange Jahrzehnte gehabt hatten. An die Lucke-AfD konnte auch die Mittelschicht anknüpfen, und in CDU und CSU und der Presse beeilte man sich, Verständnis zu demonstrieren und über Heimat und »deutsche Leitkultur« zu philosophieren. Die zum Teil rechtspopulistischen Positionen dienten Lucke dazu, neue

Wählergruppen zu erschließen; sie entsprachen jedoch angeblich, wie er später selbst bekannt gab, nicht seiner konservativ-liberalen Haltung. Doch indem Lucke am äußeren rechten Rand nach Wählern angelte, spielte er mit dem Feuer. Und er verbrannte sich an seiner riskanten Strategie denn auch die Finger: Die der AfD zugelaufenen Rechtspopulisten kaperten seine Partei und verdrängten systematisch ihren Gründer. Professor Lucke hatte seine Schuldigkeit getan, im Juli 2015 verließ er die AfD.

Vielleicht hätten die wiederholten rechtspopulistischen Äußerungen des AfD-Vorsitzenden nicht diese unkontrollierbare Dynamik entfaltet, wären nicht wenig später die Flüchtlinge zum alles beherrschenden Thema geworden, und mit ihnen Sarrazins großes Thema, die angebliche Überfremdung durch Muslime. Vielleicht würde sich die AfD heute ganz anders darstellen, wenn Pegida sich nicht fast zeitgleich formiert hätte. Und vielleicht hat auch Lucke unterschätzt, was von einer großen Mehrheit immer geleugnet wurde: Rechtspopulistisches Denken, vor allem Ressentiments gegen Minderheiten, ist in einem Teil der deutschen Bevölkerung fest verankert. Der Anteil schwankt zwischen zehn und zwanzig Prozent und reicht in Krisenzeiten sogar darüber hinaus.[40]

Zehn bis zwanzig Prozent – das ist genau das Niveau, auf dem die AfD sich bei den verschiedenen Landtagswahlen in etwa eingependelt hat (auch wenn die Zahl inzwischen etwas rückläufig ist, einerseits, weil CDU/CSU das Thema rhetorisch schärfer bedienen, andererseits, weil es um die Parteivorsitzende Frauke Petry seit einiger Zeit parteiinterne Streitigkeiten gibt). Es erstaunt also wenig, dass die neue Partei ihre Erfolge nicht dem wirtschaftlichen Kurs gegen den Euro verdankt, sondern der Hetze gegen Flüchtlinge.

Während sich vor allem in den ostdeutschen Bundesländern um Personen wie André Poggenburg und Björn Höcke ein völkisch-nationaler Parteiflügel der AfD bildete – einzelne Mitglieder entstammten sogar direkt der Neonazi-Szene –,[41] fanden bei den Demonstrationen von Pegida auf der Straße »frustrierte Normalbürger und bekannte Akteure der äußersten Rechten« zusammen.[42] Tatjana Festerling, ehemals AfD-Mitglied in Hamburg, wechselte zur radikaleren Pegida und wurde zu einer ihrer Hauptrednerinnen in Dresden.

Nach Luckes Abschied rückten AfD und Pegida zusammen; die Partei wurde zur parlamentarischen Vertreterin der Pegidisten.[43] Seither treten AfD-ler und Pegida-Funktionäre häufig gemeinsam auf, wie beispielsweise Björn Höcke und Siegfrid Däbritz in Erfurt. Höcke trifft sich mit Kubitschek, der ihn für seine Zeitschrift *Sezession* interviewt, und die *Junge Freiheit* erfreut sich einer neuen Rolle als inoffizielle Parteizeitung der AfD.[44] Der AfD-Vorsitzende Alexander Gauland beruft sich auf die *Sezession,* der Fraktionsvorsitzende der AfD in Sachsen-Anhalt, André Poggenburg, zeigt sich mit Kubitschek. Und während ich hier schreibe, hat die AfD sich erneut für eine Wende nach weiter rechts entschieden: Auf dem Parteitag in Köln im April 2017 ist Frauke Petry mit dem Versuch gescheitert, den Kurs der AfD wieder ein wenig in Richtung Mitte zu verschieben.

Während die Landesinnenminister sich in Karlsruhe zum zweiten Mal erfolglos an einem Verbot der NPD versuchten und nicht wahrhaben wollten, dass der Rechtsextremismus längst eine neue Basis organisiert hatte, trugen die AfD und Pegida in bisher ungeahntem Ausmaß Ressentiments in die Öffentlichkeit, die sich lange unter der Oberfläche verdeckt hielten. Und nun rätseln alle über den plötzlichen Erfolg der Neuen Rechten, über Björn Höcke, Frauke Petry und Alexander Gauland, über Pegida und die AfD, die in manche Landtage mit zweistelligen Ergebnissen eingezogen ist. Auf einmal wundern sich alle, ganz so, als würde es schon reichen, ein Problem hartnäckig zu leugnen, um es nie an die Oberfläche dringen zu lassen.

Fake News

> Wer Zeitung liest und Fakten kennt, gehört schon zum Establishment.[45]

Seit Pegida auf den Straßen marschiert und die AfD bei Landtagswahlen Erfolge feiert, kann niemand mehr die Augen davor verschließen: Tendenziell rechtsextreme Gesinnungen sind in unserer Gesellschaft vorhanden, und sie haben im Jahr der Flüchtlingskrise zugenommen. Wie groß aber ist die Gefahr wirklich? Was macht die Neue Rechte auf einmal so stark?

Lange bevor es die AfD gab, haben die Studien von Wilhelm Heitmeyer und seinen Mitforschern Erkenntnisse erbracht, wie verbreitet Ressentiments gegen Minderheiten in der Bevölkerung sind. Ihre Ergebnisse hätten sich dazu geeignet, den Erfolg der AfD in Zahlen vorherzusagen, denn das von Heitmeyer ermittelte rechtsextreme Potenzial wird bei den Wahlen von der AfD abgerufen. Wovor Heitmeyer seit Mitte der Achtzigerjahre gewarnt hat, ist heute eingetreten. Damals prophezeite der Soziologe, der Rechtsextremismus könne leicht in eine Massenbewegung umschlagen, und zwar dann, wenn es »Mobilisierungsakteuren« gelänge, die individuellen Ressentiments in sozialen Bewegungen – wie Pegida – zu bündeln. Dann würden diese

Ressentiments sichtbar, sich radikalisieren und organisieren.[46] Tatsächlich hat sich der parteiförmige Rechtsextremismus à la NPD zu einem bewegungsförmigen Rechtsextremismus entwickelt, für den Pegida, aber auch Gruppierungen wie die Identitäre Bewegung stehen, und er hat schließlich in der AfD wieder ein neues Sprachrohr in Form einer Partei gefunden.

Die ausführliche Arbeit von Rechtsextremismusforschern wie Volker Weiß wiederum bestätigt die Vermutung, dass hinter dem Hass im Netz mehr als die unkontrollierte, entfesselte Wut von einzelnen frustrierten Bürgern steckt. Die gibt es sicher auch, jedoch wird ein nicht unerheblicher Teil des Hasses auch gezielt von einer Neuen Rechten geschürt, die seit Jahrzehnten aktiv ist und die heute das Internet auf eine perfide, destruktive Art zu nutzen versteht.

Ein beliebtes Mittel ist die Verbreitung von Gerüchten und falschen Behauptungen. Die angebliche Entführung und Vergewaltigung eines dreizehnjährigen Mädchens in Berlin lieferte ein Musterbeispiel dafür. Das Mädchen verschwand am 11. Januar 2016 für dreißig Stunden und gab, als es wieder auftauchte, bei der Polizei an, von drei »südländisch aussehenden« Migranten entführt und vergewaltigt worden zu sein. Das war eine Falschaussage. Wenig später stellte sich heraus, dass das Mädchen wegen Problemen in der Schule abgehauen war und bei einem Freund Unterschlupf gefunden hatte. Die drei »südländisch aussehenden Migranten« hatte es nie gegeben. Doch vor allem russische Medien sorgten dafür, dass die Geschichte hochkochte. Vorbei an und entgegen den Angaben in den deutschen öffentlichen Medien agitierten sie im Internet, auf Facebook, Twitter und anderen Plattformen. Mit Erfolg: Russlanddeutsche, zu denen das verschwundene Mädchen gehörte, demonstrierten gemeinsam mit Rechtspopulisten in mehreren Städten gegen die angebliche Vertuschung des Falls. Man unterstellte den offiziell Verantwortlichen und den Medien, sie kehrten ein von Migranten begangenes Verbrechen unter den Teppich. Sogar der russische Außenminister Sergej Lawrow warf den deutschen Behörden vor, wegen angeblicher »politischer Korrektheit« nichts unternommen zu haben.[47]

Gezielt gestreute Gerüchte haben in der Geschichte vergangener Jahrhunderte verheerende Ausbrüche von Gewalt gegen Minderheiten ausgelöst. Die Urform aller Fake News: die Ritualmordlegende, mit der die Juden seit dem Mittelalter verleumdet wurden. Die Behauptung also, die Juden verübten sogenannte Ritualmorde, weil sie für bestimmte religiöse Zeremonien das Blut eines christlichen Kindes benötigten. Immer wieder wurde dieses bösartige Gerücht verbreitet, um Menschenmassen gegen die Juden aufzuhetzen, und obwohl es nachweislich nie ein solches Verbrechen gegeben hat, ging die schlimme Saat in vielen Fällen auf. Auf die Verleumdungen folgten Pogrome und Lynchmorde, manchmal wurde einem vermeintlichen Ritualmörder der Prozess gemacht.

Fake News – falsche Behauptungen – sind eine schlagkräftige Waffe rechtsextremer Aktivisten, vor allem dann, wenn sie dazu dienen, eine Gruppe von Menschen pauschal zu diffamieren. Es ist daher kein Zufall, dass im Zuge der Flüchtlingskrise in den Online-Foren eine regelrechte Welle an Fake News ins Rollen kam. Schließlich stieg bei fremdenfeindlich Gesinnten zu dieser Zeit der Bedarf an Gründen, mit denen sie ihre Haltung moralisch rechtfertigen konnten.

Neu daran ist, dass solche Gerüchte über die sozialen Netzwerke mit sekundenschneller Beschleunigung verbreitet werden. Kaum wird irgendwo eine Gewalttat verübt, wird auf Facebook und Co. behauptet, die Herkunft des Täters zu kennen, noch bevor auch nur ein einziges Detail bekannt ist.[48] Der Widerhall in Filterblasen und Echokammern erhöht die Schwingungszahl solcher falschen Behauptungen und verstärkt sie mindestens zehntausendfach.

Als im Dezember 2016 ein Flüchtling festgenommen wurde, der unter dem Verdacht steht, eine neunzehnjährige Studentin in Freiburg ermordet zu haben, tauchte auf Facebook ein sogenanntes »Sharepic« auf. Es zeigte ein Foto von mir mit dem Satz: »Der traumatisierte Junge hat zwar getötet, man muss ihm aber jetzt trotzdem helfen.« Als Quelle wurde die *Süddeutsche Zeitung* angegeben. Ohne Überprüfung der Angaben wurde das Bild binnen kürzester Zeit unendlich viele Male geteilt.

Wir machten uns in meinem Büro sofort daran, dagegen vorzugehen. Zum einen stellte ich die Sache auf meinem eigenen Facebook-Profil klar: »Dieses Zitat ist frei erfunden – so werden also Fake News produziert.«

Außerdem suchten wir Urheber und Verbreiter des Sharepics, um juristisch gegen sie vorzugehen. Wir erstatteten Anzeige und Strafantrag gegen die Macher der Facebook-Gruppe »Widerstand Deutscher Patrioten«, gegen den Schweizer Politiker Ignaz Bearth, Aktivist der ersten Stunde bei Pegida in Zürich, sowie gegen unbekannt »wegen übler Nachrede und allen weiteren infrage kommenden Delikten«. Die Verfahren laufen noch. Zudem wandten wir uns umgehend über die offizielle Beschwerdefunktion an Facebook. Dort erhielten wir erst einmal nur Nachfragen als Reaktion, und nach anderthalb Tagen die Aufforderung, eine beidseitige Kopie meines Personalausweises zu senden. Da war ich wirklich wütend. Ich habe die Kopie nicht geschickt, wer weiß, was damit passiert? Ich hatte mich zudem vorsorglich direkt an die Repräsentantin von Facebook in Berlin gewandt mit der Aufforderung, den falschen Eintrag schnellstmöglich zu entfernen. Sie versicherte mir, sie tue, was sie könne. Die von meinem Büro informierte *Süddeutsche Zeitung* meldete sich ebenfalls bei Facebook. Am Ende dauerte es trotz meines persönlichen Kontaktes und meiner Bekanntheit volle drei Tage, bis der Eintrag gelöscht war. Eine lange Zeit für einen Post, der viral geht. Und es stellt sich die Frage: Wie ergeht es in solchen Fällen anderen, weniger bekannten Usern?

Wenn Fake News gelöscht werden, haben sie ihr Ziel in der Regel längst erreicht: Sie haben sich in den Timelines und in den Köpfen zahlreicher Menschen festgesetzt. Mit Gegendarstellungen, die in der Regel ohnehin kaum wahrgenommen werden, lässt sich der angerichtete Schaden nicht beheben.

Alles halb so schlimm?

Über die tatsächliche Wirkung von Filterblasen und Echokammern wird viel gestritten. Am 18. April 2017 erschien im *Tagesspiegel* ein Artikel über das Twitterverhalten der AfD und parteinaher Nutzer. Journalisten und Datenanalysten von *Tagesspiegel* und Netzpolitik.org hatten seit Dezember 2016 insgesamt achthundert Accounts beobachtet und gaben nun Einblick in die Vorgehensweise und das Netzwerk der Partei.[49] Unter anderem heißt es in dem Bericht:

>*»Die Partei hat mit dem Schimpfen auf die ›Lügenpresse‹ einen Bedarf nach wahrhaftigen Medien geschaffen. Den versucht sie jetzt durch eigene Parteikanäle zu befriedigen«, sagt der Politikberater Johannes Hillje, der seit Längerem die AfD beobachtet. Er sieht in den Netzwerken der*

AfD einen Paralleldiskurs, der an der Medienöffentlich-
keit vorbei geführt wird. Das hat schon Donald Trump
zum Wahlsieg verholfen und könnte auch den Rechts-
populisten auf dem Weg in den Bundestag nützen.

Inzwischen wird von manchen die These vertreten, dass man die Wirkung von Paralleldiskursen, die fernab der alten öffentlichen Medien bei Facebook, Twitter und Co. entstanden sind, nicht überschätzen sollte. Darauf verweist unter anderem der Artikel: »Filterblase? Selbst schuld!«[50], der am 2. Mai 2017 bei der *Süddeutschen Zeitung Online* erschienen ist. Zum einen beziehen weit weniger Menschen ihre Nachrichten aus den sozialen Netzwerken als angenommen. Für Deutschland heißt es dazu: »Fast drei Viertel schauen regelmäßig Nachrichten im klassischen Fernsehen, weniger als ein Drittel nutzt dafür soziale Netzwerke.«[51] Zum anderen zeigen Daten aus den USA, dass die Gesellschaft besonders stark in der Generation der um die Fünfundsiebzigjährigen gespalten ist, während die Polarisierung in der Generation der eher jungen Facebook-Nutzer weit geringer ausfällt.

Passend dazu stellt der Politikwissenschaftler Christian Neuner-Duttenhofer in einem Aufsatz die Überlegung an, ob wir die sozialen Netzwerke nicht als Massenphänomen missverstehen. Denn es gibt keine Informationen über die Zahl der Internetnutzer, die im Netz Ressentiments und Gewalt verbreiten. Erscheint uns der Internethass größer, als er in Wirklichkeit ist?

Tatsache ist: Es gibt Menschen, die sich in einer Welt aus Fake News und Verschwörungstheorien eingerichtet haben und die dort mit Fakten und Argumenten nur noch schwer zu erreichen sind. Das gilt beispielsweise für die sogenannten Reichsbürger, die die Bundesrepublik als Staat nicht anerkennen und

Deutschland für ein »besetztes Land« halten. Und es gilt für Menschen wie den im Mai 2017 festgenommenen Bundeswehrsoldaten Franco A., der sich beim Bundesamt für Migration und Flüchtlinge (BaMF) als syrischer Flüchtling registrieren ließ und einen Anschlag plante. Er schrieb in einer (von der französischen Militärschule nicht angenommenen) Masterarbeit, den europäischen Völkern drohe ein »Genozid«, sie seien durch »massive Einwanderung« auf dem Weg in den Untergang.[52] Seine Ideen gleichen dem, was mir der Rentner in der Nähe von Köln auftischte, mit dem einen Unterschied, dass der Rentner glaubte, der vermeintliche Genozid an den Deutschen werde von den USA aus gesteuert. Die These, in Deutschland finde eine »Umvolkung«, ein »Bevölkerungsaustausch« durch massenhafte Zuwanderung statt, ist unter Rassisten weit verbreitet.

Als ich von der Geschichte von Franco A. erfuhr, erinnerte mich das daran, wie lange solche rechtsextremistischen Gesinnungen in Deutschland geleugnet wurden. Hier treten sie auch in der Bundeswehr offen zutage. Verrückt erscheint mir eine weitere Parallele, auch wenn sie zufällig sein mag: Franco A. hatte sich, erschreckenderweise mit Erfolg, als Flüchtling registrieren lassen, weil er einen Anschlag verüben wollte, den man dann den Flüchtlingen in die Schuhe schieben sollte. In gewisser Weise hätte sich damit das Desaster um die NSU-Morde wiederholt: Auch hier hatten Rechtsextreme getötet, die Ermittler jedoch anschließend jahrelang unter Migranten nach den Tätern gesucht.

Wie auch immer man den Einfluss von Facebook und Co. auf unsere Gesellschaft bewerten mag: Problematisch sind rechtsextreme Verschwörungstheorien und Fake News in jedem Fall. Und zwar deshalb, weil sie nicht nur in Filterblasen und Echokammern widerhallen, sondern über die Grenzen dieser Kommunikationsräume hinaus die Medien gehörig unter Druck setzen.

Und weil die Medien sich unter Druck setzen lassen. Als ich nach meinem Tweet über das Attentat von Würzburg eine Flut von Hass-Kommentaren erhielt, meldeten Online-Nachrichtenmagazine wie *Der Spiegel* einen Shitstorm. So entstand der Eindruck, die deutsche Bevölkerung schüttele den Kopf über Renate Künast. Aber stimmt das? Wovon *Spiegel Online* und Co. nicht berichteten: Ich erhielt neben den Hass-Posts auch viele zustimmende Retweets und Zuschriften. Die Nachricht »jemand erhält einen Shitstorm« wird meist so gelesen, als komme hier die Meinung der großen Mehrheit in der Mitte der Gesellschaft zum Ausdruck. Schaut man sich aber die Tweets und Retweets genauer an, stößt man fast immer auf Nutzer-Profile, die auf das Gesinnungsspektrum der Neuen Rechten hinweisen. Ohne es zu merken, haben Medien wie *Spiegel Online* und andere in der Folgezeit aus den Posts von offensichtlich rechtspopulistisch bis rechtsextremistisch Gesinnten einen Shitstorm gemacht und damit deren Empörung über meinen Tweet zur Mehrheitsmeinung der Deutschen erklärt.

Durch solche Missverständnisse erleichtern Medien der Neuen Rechten das Spiel, den öffentlichen Diskurs immer weiter nach rechts zu verschieben. Der Soziologe Matthias Quent, unter anderem als Rechtsextremismusexperte Sachverständiger des thüringischen Landtags zum NSU-Komplex, beschreibt, wie die AfD diese Strategie erfolgreich einsetzt:

> *Es werden beispielsweise rassistische oder geschichts-revisionistische Provokationen gezündet, die dazu führen, dass man in den Medien omnipräsent ist. Das ist*

für eine Partei wie die AfD unheimlich wichtig. [...] Es geht darum, von sich reden zu machen. Es geht darum zu provozieren, um damit Reaktionen und Gegenreaktionen zu bewirken. Danach stellt man sich als Opfer hin: Man werde sofort in die rechte Ecke gestellt, die politische Korrektheit gehe viel zu weit, man könne in Deutschland nicht mehr seine Meinung sagen, es kommt der Vorwurf der Lügenpresse. Das sind gezielte Inszenierungen. Und anschließend wird zurückgerudert: die Äußerung sei gar nicht so gemeint gewesen oder sie sei aus dem Zusammenhang gerissen. Dahinter steckt eine klare Strategie. Und die funktioniert dahingehend, dass der öffentliche Diskurs immer weiter nach rechts rutscht.[53]

Auch die Arbeit im Parlament nutzt die AfD nicht etwa, um sich in Ausschüssen und Anträgen für bestimmte Ziele einzusetzen, sondern vor allem dazu, provokante und Tabus brechende Inhalte in der Öffentlichkeit zu platzieren. Das beschreibt David Begrich, Mitarbeiter der Arbeitsstelle Rechtsextremismus bei Miteinander e.V. in Magdeburg, der die AfD im Landtag von Sachsen-Anhalt beobachtet:

Das sieht man auch daran, dass Fraktionschef André Poggenburg keine Gelegenheit auslässt, um das Parlament und die Öffentlichkeit zum Beispiel mit NS-lastigen Aussagen zu provozieren. [...] Poggenburg benutzt ja gerne Vokabeln wie »Volkskörper« oder »Volksgemeinschaft«, Fraktionsvize Lehmann sprach im Landtag gerade von »Ficki-Ficki-Fachkräften« und meinte Flüchtlinge damit.[54]

Mit Erfolg setzt die AfD fort, was Thilo Sarrazin mit seinem Buch begonnen hat: Es gelingt ihr, mit minderheitenfeindlichen Positionen und Diffamierungen nicht nur in die Welt des Internets, sondern auch in die Sphäre der Politik einzudringen. Dazu nutzt sie eine Sprache, die wir von Autokraten und Faschisten kennen: Einzelne Mitglieder der AfD machen immer wieder mit Äußerungen auf sich aufmerksam, die an den Nationalsozialismus erinnern. So, wenn Poggenburg als Fraktionsvorsitzender der AfD im sachsen-anhaltinischen Landtag fordert, »linksextreme Lumpen müssen von deutschen Hochschulen verbannt werden [..., um...] die Wucherung am deutschen Volkskörper endgültig loszuwerden«. Oder wenn der AfD-Parteivorsitzende Jörg Meuthen vom »links-rot-grün verseuchten und versifften 68er-Deutschland« spricht. In der Bezeichnung »Seuche« steckt die Rhetorik des Feindes, den es zu vernichten gilt – denn was sollte man sonst mit einer Seuche machen?

Das Prinzip des gezielten Tabubruchs wandte auch die AfD-Vorsitzende Frauke Petry an, als sie verkündete, sie wolle den Begriff »völkisch« rehabilitieren – einen Begriff, der klar mit dem Nationalsozialismus konnotiert ist.[55]

»Völkisch« ist ein vom »Volk« abgeleitetes Derivat, wie Frauke Petry sich unschuldig rechtfertigte. Ganz in diesem Sinne hat Pegida die Losung der friedlichen Proteste, die während der Montagsdemonstrationen in Leipzig und anderen Städten der DDR zur Wende von 1989 führten, für sich gekapert:

> »Wir sind das Volk« lässt sich durchaus im Sinne der Rechten und Rechtsradikalen verstehen, die mit Biederfrau- oder Biedermannsmiene davor warnen, »völkisch« auf »rassistisch« zu verkürzen

schreibt Norbert Frei, Professor für Neuere und Neueste Geschichte an der Friedrich-Schiller-Universität Jena, in der *Süddeutschen Zeitung.*[56] Der Historiker untersucht, wie AfD und Pegida mit solchen Begriffen die Grenzen des Sagbaren sukzessive
verschieben, und führt den Gedanken zu Ende:

> *Man muss deshalb deutlich machen, worauf, vor wenig
> mehr als zwei Generationen, die Fantasien und Zwangs-
> vorstellungen der ersten völkischen Bewegung in Deutsch-
> land hinausliefen: auf Völkermord.*[57]

Wie leicht sich der Diskurs einer demokratisch verfassten Gesellschaft in die Rhetorik autoritär geführter Diktaturen verwandelt, zeigt sich in Ländern wie der Türkei und Russland.
Wenn Politiker wie Erdogan oder Putin politische Kontrahen-
ten als »Feinde« bezeichnen, verlassen sie den Rahmen eines
demokratischen Wettbewerbs um die Macht. Denn anders als
politische Gegner, die um die Macht konkurrieren, bedrohen
»Feinde« die Existenz. Mit Feinden kann man keine Koalitionen
bilden und keine Kompromisse schließen. Werden politische
Gegner zu Feinden erklärt, dann ist das Ende der Demokratie
in Sicht. Insofern ist es alarmierend, dass Donald Trump die
öffentliche Presse in den USA pauschal als »Enemy of the
People« – als Volksfeinde – bezeichnet oder dass Marine le Pen
ihre politischen Gegner »Feinde« nennt. Es ist dieselbe Rhetorik:
Mit Feinden redet man nicht, man vernichtet sie, um nicht
selbst von ihnen vernichtet zu werden.

Die sogenannte Lügenpresse

Zur Feind-Rhetorik passt eine gefährliche Behauptung, die von den Neuen Rechten verbreitet wird: der Vorwurf, bei den öffentlichen Medien handele es sich um eine »Lügenpresse«. Oder in der Version Trumps: »The Media are Fake News.« Mit diesem Vorwurf machen Parteien wie die AfD in Deutschland, die Anhänger Donald Trumps in den USA, der Front National um Marine le Pen und andere deutlich, dass sie sich nicht als Teil des demokratischen Wettbewerbs sehen, sondern die Demokratie als »System« von außen angreifen wollen.

Es kann einem schwindlig werden bei dieser Wendung: Indem die Neuen Rechten alles, was aus Zeitungen, Rundfunk und Fernsehen kommt, als »Lüge« diffamieren, kündigen sie das Gespräch mit den Gegnern auf. Denn wer lügt und betrügt, entzieht sich einer sachlichen Argumentation; er macht jede Auseinandersetzung unmöglich. Zugleich aber stellen sie sich selbst als Opfer dieses Gesprächsabbruchs dar, indem sie mit dem Finger auf die anderen zeigen: Sie seien es, die »lügen«. Der von den sogenannten etablierten Medien repräsentierte sogenannte Mainstream verbiete es ihnen, also den Opfern der »Lügenpresse«, ihre Meinung zu sagen. Sie selbst seien es also, die aus dem Diskurs ausgegrenzt werden.

Die Behauptung, man dürfe in Deutschland seine Meinung nicht sagen, war schon falsch, als sie in der Diskussion um das Buch Thilo Sarrazins zum ersten Mal auftauchte.

Erstens konnte und kann Sarrazin seine kruden Thesen bis heute ungehindert verbreiten. Niemand hat es ihm verboten. Im Gegenteil: Seine öffentlichen Lesungen erfreuten sich – leider – regen Zuspruchs, und er hat mit *Deutschland schafft sich ab* sehr viel Geld verdient.

Zweitens sind alle, die ihn für sein Buch teilweise scharf kritisierten – auch jene, die versuchten, ihn aus der Partei auszuschließen –, nicht den Anweisungen eines Zensors gefolgt, sondern ihrer eigenen Meinung. Sie wehrten sich gegen Pauschalisierung, Vereinfachung, die Abwertung von und vor allem die Hetze gegen Minderheiten. Mit gutem Recht.

Und schließlich hat das Bundesverfassungsgericht mit seiner Ablehnung des Verbotsantrags gegen die NPD im Januar 2017 gerade erneut bestätigt: Die Meinungsfreiheit ist in unserem Land ein hohes Gut; niemand wird strafrechtlich dafür verfolgt, dass er seine Meinung sagt.

Dennoch wiederholen die AfD und Vertreter von Pegida und Co. unermüdlich ihre Behauptung, die deutschen Medien seien gleichgeschaltet. Manche fantasieren gar, Angela Merkel diktiere die Presseberichterstattung vom Bundeskanzleramt aus. Der Vorwurf, man dürfe in Deutschland seine Meinung nicht sagen, hält sich hartnäckig. Er ist für mich der erfolgreichste Fall von Fake News.

Politische Korrektheit

Dass die Rechtslage die Meinungsfreiheit schützt, wissen in Wahrheit auch jene, die behaupten, es gebe sie de facto nicht mehr. Das Problem, sagen sie, ist die »politische Korrektheit«. Sie wirke wie ein unsichtbarer Zensor und verbiete allen den Mund, die dem Mainstream nicht folgen wollen.

Der Vorwurf lautet, das Bemühen um politische Korrektheit führe dazu, dass Meinungen und »Wahrheiten« nicht ausgesprochen würden. Hin und wieder äußern Medienvertreter

Verständnis für diese Behauptung. Im September 2016 etwa schrieb Giovanni di Lorenzo, Chefredakteur der ZEIT, die »kulturelle Hegemonie« der Grünen und ihrer Positionen habe zur Herausbildung einer Gegenhegemonie geführt, die wiederum in den Positionen der AfD ihren Ausdruck finde.[58] Sogar von einer »Allmacht« der Grünen spricht di Lorenzo, von einem »siegreichen Kampf um die akademischen Köpfe«. Die Wut und den Hass jener, die aus Protest gegen den grünen Mainstream mit Pegida ziehen und die AfD wählen, führt di Lorenzo darauf zurück, dass die Mehrheit es mit der politischen Korrektheit übertrieben habe. Zum Beispiel, so der Chefredakteur der ZEIT, als »ein beliebter FDP-Politiker wegen einiger plumper, anzüglicher Bemerkungen gegenüber einer jungen Journalistin verdammt wurde und in der Bedeutungslosigkeit verschwand«,[59] was, wie er glaubt, der eine oder andere mit Wut zur Kenntnis nahm.

Darin besteht vielleicht der größte Erfolg der Rechtspopulisten: dass selbst Journalisten wie di Lorenzo ihnen beipflichten. Der besorgte Bürger, scheint es, ist zu Recht tief genervt und verunsichert von Gender-Mainstreaming, Biofleisch und Veggie-Days, er fühlt sich von den Bewachern der politischen Korrektheit unterdrückt, dominiert und gemaßregelt. Di Lorenzo vertritt die These, angesichts einer empfundenen Übermacht grüner Positionen sei geradezu zwangsläufig eine Gegenbewegung entstanden, die sich in der Neuen Rechten und der AfD versammelt.

Dagegen spricht allerdings schon die simple Tatsache, dass die Rechtspopulisten auch in Ländern Erfolge feiern, in denen es keine oder kaum grüne Politik gab, wie beispielsweise in Ungarn.

Man kann über die eine oder andere Übertreibung – mit

manchmal in der Tat haarsträubenden Folgen – in der Diskussion über politische Korrektheit geteilter Meinung sein – darüber etwa, ob man in Kinderbüchern den »Eskimo« durch den »Inuit« ersetzen soll.

Aber reicht die Tatsache, dass manche die politische Korrektheit missbrauchen, reicht die Genervtheit über die ein oder andere spitzfindige Diskussion aus, um all den Hass zu erzeugen, der sich zum Beispiel in Facebook-Posts über engagierte Politiker aller Parteien ergießt? Sind Fehler, die von Einzelnen begangen werden, Grund genug, die politische Korrektheit als solche infrage zu stellen, sie gar abzuschaffen?

Der Begriff »politische Korrektheit« bezeichnet in bereits kritischer Weise die Idee, sprachliche Ausdrücke und Handlungen zu vermeiden, die bestimmte Gruppen von Menschen kränken oder beleidigen könnten. Einfach gesagt lautet die Forderung: Diffamiere andere nicht, missachte nicht ihre Würde. Wikipedia zufolge wird der im englischsprachigen Raum entstandene Begriff von Konservativen seit Jahrzehnten dazu genutzt, ebensolche Antidiskriminierungsbemühungen zu bekämpfen. Das heißt, in Teilen dieser konservativen Kreise wird es als unzumutbar und falsch empfunden, dass man Migranten, Frauen, andere Religionen oder Minderheiten nicht diskriminieren soll. Jene, die sich an der sogenannten politischen Korrektheit stören, sagen damit faktisch: Das Grundrecht der Menschenwürde soll für bestimmte Menschen – Frauen, Ausländer, Muslime, Homosexuelle – nicht gelten.

Man muss sich also fragen: Was wollen die, die der politischen Korrektheit den Kampf ansagen? Was will Alice Weidel, die Spitzenkandidatin der AfD für die Bundestagswahl 2017, die auf dem Parteitag in Köln am 22. April 2017 erklärte: »Die politische Korrektheit gehört auf den Müllhaufen der Geschichte«?

Mich schauderte es, als ich ihren Redeauftritt mit diesem Satz im Fernsehen sah. Ich halte die Kritik an der politischen Korrektheit für einen Trick, mit dem die Neue Rechte zu verdecken versucht, was sie eigentlich beabsichtigt: die Aufkündigung jenes Konsenses, der gleich zu Beginn unseres Grundgesetzes geregelt ist: Die Würde des Menschen ist unantastbar. Das gilt für *jeden* Menschen, unabhängig von Geschlecht, Religion, Herkunft, Hautfarbe und sexueller Orientierung.

Wer der politischen Korrektheit den Kampf ansagt, sie auf den Müllhaufen der Geschichte werfen will, der greift für mich diesen zentralen Grundsatz unserer Verfassung an: die Würde aller. Wir haben aus den Schrecken des Nationalsozialismus und des Holocaust hoffentlich gelernt. Wenn es wirklich »nur« um Gender-Mainstreaming etc. ginge, würde der wortgewaltige Satz von Frau Weidel keinen Sinn machen. Sie will Grundprinzipien und Säulen unserer Demokratie auf dem Müllhaufen der Geschichte entsorgen. Diese Forderung hätte auch von Björn Höcke kommen können.

Ich habe den Eindruck, dass die Neue Rechte die öffentlichen Medien gerade deshalb für sich zu nutzen weiß, *weil* sie sie als Instrument der Manipulation versteht. Weil sie mit Begriffen wie »Lügenpresse«, »politische Korrektheit« und »Establishment« ein Klima erzeugt, in dem die Menschen zunehmend das Vertrauen in die Institutionen der Demokratie verlieren. Uns bleibt nur, uns als demokratische Gesellschaft immer wieder daran zu erinnern, den Gefahren einer manipulativen Nutzung der »Presse« mit möglichst objektiver Berichterstattung zu begegnen. Dazu gehört auch, andere Meinungen auszuhalten, selbst wenn sie schmerzen.

Die Grenzen der Toleranz

Wo ist die Grenze? Für mich ist die Grenze da, wo der Boden der sachlichen Auseinandersetzung verlassen wird. Genau diesen Boden aber verlässt die Neue Rechte meines Erachtens eben durch das Vokabular, das sie verwendet. Begriffe wie »System«, »Establishment«, auch »die Presse« stellen eine Wir-Ihr-Frontstellung her, die der Lebenswirklichkeit in einer Demokratie nicht entspricht. Die Sprache der Neuen Rechten bedient Mechanismen der Ausgrenzung. Statt die Demokratie als politischen Rahmen zu verstehen, in dem jeder »nach seiner Fasson« selig werden kann, werden wir Bürger entlang einer Freund-Feind-Linie gegeneinander aufgewiegelt. Auf einmal stehen »Volksdeutsche« gegen »die Ausländer«, »die Muslime« und – für Volksdeutsche, die auf der falschen Seite stehen – »die Volksverräter«. Genau das aber verbindet die AfD mit völkischen Bewegungen der 1930-Jahre: ein ausgeprägtes Feind- und Exklusionsdenken und eine Haltung, die sich vor allem gegen etwas wendet.[60]

Demokratie ist ein komplexes Gebilde, in dem es dieses vereinfachende »Wir – Ihr« nicht geben sollte, sondern viele Pole, die einander im Gleichgewicht halten. Das gilt auch für die unglückliche Bezeichnung der »Abgehängten«. Auch hier haben ja schon meine Hausbesuche gezeigt, dass die pauschale Bezeichnung die Wirklichkeit nicht adäquat widerspiegelt. Doch der AfD ist an einem freien Austausch von vielfältigen Argumenten nicht gelegen, wie ihr Analysten immer wieder bescheinigen.

So etwa bewertet Rechtsextremismusexperte Quent die Kommunikationsstrategie, die zumindest von Teilen der AfD verfolgt wird:

Bei der Bewegung der Neuen Rechten, zu der auch Höcke gehört, geht es aber weniger um parlamentarische Erfolge als um einen rechten Kulturkampf. In den Auseinandersetzungen zwischen Petry und Höcke etwa ist die eigentliche Frage die der Koalitionsfähigkeit. Petry will nach der Bundestagswahl 2021 an einer Regierungskoalition beteiligt sein. Höcke hingegen steht in der Tradition der Neuen Rechten. Die sagt: Wir wollen die politische Kultur verändern, die Art und Weise, wie in der Öffentlichkeit diskutiert wird. Für dieses Ziel ist es besser, wenn man den Charakter einer Bewegung hat oder im Parlament in der Opposition ist, weil man sich dann nicht konstruktiv beteiligen und nicht der Komplexität der Wirklichkeit stellen muss. […] Der Höcke-Flügel ist leider erfolgreich, wenn man sieht, wie sich der Diskurs in Teilen der Öffentlichkeit nach rechts verschoben hat.[61]

Jene, die gegen »das System«, »das Establishment« usw. zu Felde ziehen, weigern sich, am demokratischen Wettbewerb verschiedener Ideen teilzunehmen. Stattdessen stellen sie die Grundlage unserer Gesellschaft und ihre Verfasstheit als repräsentative Demokratie infrage. Ich bin sicher, ihre Diffamierungen zielen auf die Abschaffung unserer Demokratie und ihrer tragenden Prinzipien.

Der von mir sehr geschätzte Historiker Wolfgang Benz weist in einem Zeitungsbeitrag darauf hin, dass die Nationalsozialisten in der Zeit der Weimarer Republik den Begriff »System« genau zu diesem Zweck verwendeten: »›System‹« war das Schimpfwort der Nazis bei der Zerstörung der Demokratie der Weimarer Republik.«[62]

Hass ist keine Meinung

Die »Kultur«, die die Aktivisten der Neuen Rechten bekämpfen, ist in Wahrheit nicht die der Grünen, die sie sich als Lieblingsfeind ausgesucht haben, sondern die der freiheitlichen Grundordnung. Es ist die politische Kultur des Liberalismus und der repräsentativen Demokratie mit einer funktionierenden Gewaltenteilung. Die Neue Rechte schürt Hass. Auf der Liste ihrer »Feinde« stehen »die Ausländer«, »die Muslime«, »die Juden«, aber auch »die Presse«, »die Politiker« und überhaupt »das Establishment«, also eigentlich alle, die nicht ihre Werte und Ziele teilen. Der Hass, den sie schüren und der sich im Internet ergießt, ist jedoch keine Meinung, so, wie Fake News keine Nachrichten sind.

Der besorgte Bürger, die Ängste von Menschen, sie müssen unbedingt ernst genommen werden. Davon bin ich überzeugt. Der organisierte Hass im Netz aber hilft niemandem, er ist nur gefährlich, vor allem da, wo er auf die Straße getragen wird, wo er nationalistischen und fremdenfeindlichen Kräften Auftrieb verleiht, wo er Menschen dazu anstiftet, Flüchtlinge, Homosexuelle und Frauen anzugreifen, wo Angehörige von Minderheiten verprügelt oder Flüchtlingsheime angezündet werden. Wenn Rechtsextreme Ängste und Hass schüren, um ihre eigenen politischen Pläne zu verfolgen, dann zündeln sie damit am Fundament der Demokratie.

Die Ursachen

Zwischenstand

Ich habe im ersten Kapitel dieses Buches eine Zustandsbeschreibung versucht. Dabei bin ich auf die besonderen Effekte der Kommunikation in sozialen Netzwerken gestoßen, auf Filterblasen und Echokammern und den Gedanken, dass Technik den Menschen immer schon dazu verleitet hat, sie auch zu missbrauchen. Und ich bin der Spur einer seit Jahrzehnten agierenden Neuen Rechten gefolgt, ebenso wie den wachsenden Ressentiments gegen Minderheiten. Ressentiments, die im Hatespeech von Online-Foren zum Ausdruck kommen, dort, wo sich das Digitale und das Politische vermischen. Wo die hyperventilierende Kommunikation der sozialen Netzwerke und die Agitation der Neuen Rechten zusammenwirken.

In diesem ersten Teil habe ich mich vor allem mit den Symptomen beschäftigt, mit dem Hass im Netz, der Zunahme an Ressentiments, der wachsenden Polarisierung und dem Erfolg von politischen Aktivisten am äußersten rechten Rand. Für all dies gibt es aber tiefer liegende Ursachen. Ich kann sie nur umreißen und muss mich auch hier wieder auf die Arbeit von Wissenschaftlern stützen, die sich der Untersuchung von gesellschaftlichen Verhältnissen widmen. Erst dann, wenn wir von den Symptomen zu den Ursachen vorgedrungen sind, kann ich mich im letzten Teil des Buches wieder auf mein eigenes Terrain begeben, auf das Feld des politischen Handelns. Dort will ich der Frage nachgehen: Was können wir tun?

Krise

Das Ausmaß von Vorurteilen, Abwertungen, Diskrimi-
nierungen und Gewalt ist keine Naturkonstante, sondern
abhängig von gesellschaftlichen Verhältnissen.[63]

Die Ursachen für die Zunahme von Ressentiments und Gewalt
sind im Zustand der Gesellschaft zu suchen. Wer die öffentlichen
Debatten der letzten Jahre verfolgt hat, ist mit den gängigen Erklärungen vertraut, die hier verhandelt werden. Die meisten dieser Erklärungen kreisen um eine Handvoll Schlüsselbegriffe:
Krise, Globalisierung, Orientierungsverlust, Angst und Hass.

Vor allem die beiden ersten Begriffe gehören in meinen politischen Alltag – die Krise und die Globalisierung. Der Soziologe
Wilhelm Heitmeyer spricht von Signalereignissen, durch die
sich das Krisengefühl in der Gesellschaft in den vergangenen
Jahrzehnten verstärkt hat. Dazu rechnet er den Anschlag vom
11. September 2001 auf das World Trade Center in New York,
die Hartz-IV-Reformen und die weltweite Finanzkrise von
2007/2008, die mit dem Zusammenbruch der Lehman Brothers
Bank in New York im September 2008 einen dramatischen Hö-
hepunkt erreichte.[64] In Europa wuchs sie sich seit 2010 zur Eurokrise aus, in deren Mittelpunkt die Rettung Griechenlands stand.
Heute kann ich noch die Flüchtlingskrise der Jahre 2015/2016
hinzufügen – und die politische Krise der EU, die mit dem Brexit
offensichtlich geworden ist. Ist es übertrieben zu sagen, dass die
Krise sich in eine Art Dauerzustand verwandelt hat?

Beachtenswert scheinen vor allem die Folgen des Börsen-
crashs. In einer Kolumne vom 15. April 2016 schreibt *Spiegel-On-*
line-Autor Thomas Fricke:

Wie der Bonner Ökonom Moritz Schularick mit zwei Kollegen in einer beeindruckenden historischen Studie (PDF[65]) kürzlich herausfand, erleben stramm rechte Parteien nach solchen Crashs systematisch Zulauf. Das gilt für Deutschland nach 1929, aber auch für Skandinavien bei Bankenkrisen etwa in den Neunzigerjahren. Die Experten untersuchten mehr als hundert Finanzdebakel in 20 Ländern seit 1870. Ergebnis: Im Schnitt legten Rechtsparteien in den ersten Jahren danach bei Wahlen um 30 Prozent zu. Plausibel: In Frankreich erlebte der rechtsextreme Front National seinen ersten Schwung nach der Franc-Krise in den Achtzigerjahren. Auch die Alternative für Deutschland startete bekanntlich in der (Euro-)Währungskrise.

Der Gegencheck der Wissenschaftler ergab, dass der Rechtsruck nach anderen Rezessionen – ohne Finanzcrashs – in der Regel ausblieb. Sprich: Es muss etwas mit den Banken zu tun haben.[66]

Auch wenn die Bankenkrise nicht alles erklärt, so gibt es doch einen überraschend deutlichen Zusammenhang zwischen Finanzcrashs, dem daraus resultierenden Krisenempfinden in der Bevölkerung und dem Zulauf zu den Rechtspopulisten. Die Ursachen für die zunehmende Fremdenfeindlichkeit liegen also gar nicht in der Zuwanderung selbst, zumindest nicht in erster Linie. Dafür spricht auch eine Zahl aus dem Jahr 2011, die in der TAZ in dem abschließenden Bericht zu Heitmeyers Studie *Deutsche Zustände* zu lesen war: Im Mai und Juni 2011, heißt es da, seien 47,1 Prozent der Befragten der Meinung gewesen, dass in Deutschland »zu viele Ausländer« lebten.[67] Das sind weit mehr als die üblichen etwa 15 bis 20 Prozent mit einer fremdenfeindlichen Gesinnung. Damals befanden wir uns inmitten der Eurokrise, während die Flüchtlingskrise noch mehr als drei Jahre entfernt lag.

Angst

Krisen erzeugen Angst. Seit den Anschlägen vom 11. September 2001 ist die Angst vor Terror ständig gewachsen – und damit die Bereitschaft vieler Bürger, Freiheiten zugunsten von vermeintlich mehr Sicherheit aufzugeben. Dann kam die Reform des Wohlfahrtsstaats, der in seiner bisherigen Ausprägung nicht mehr funktionierte; die Verantwortung für den Einzelnen wurde stärker an den Markt delegiert. Die Hartz-IV-Gesetze – die mit einer Deregulierung des Arbeitsmarktes einhergingen – ließen die Angst vor Arbeitslosigkeit, Altersarmut und Inflation wachsen. Diese Angst hat nach dem Börsencrash von 2007/2008 zugenommen, was den Soziologen Heinz Bude zur Veröffentlichung seines Buches *Gesellschaft der Angst* veranlasste. Darin bezeichnet er die Angst als »die zentrale soziale Kraft« unserer Gesellschaft. Jeder, so Bude, steht immer kurz davor, alles zu verlieren. Zumindest glauben das viele. In der Angst liegt damit eine letzte Gewissheit, auf die sich alle einigen können in einer Zeit, in der sonst nichts mehr gewiss ist.[68]

Globalisierung

Infolge der Globalisierung wurden sozialstaatliche Regelungen zugunsten einer stärker deregulierten Wirtschaft aufgegeben. Das geschah zum Teil auch durch Verträge der Welthandelsorganisation WTO, die dem Abbau von Handelshindernissen dienten, dabei jedoch keine sozialen und ökologischen Kriterien für alle Mitgliedstaaten berücksichtigten. Soziale und ökologische Fragen werden bis heute eher als »non trade concerns« betrachtet, soll heißen: Sie gehen den Handel nichts an. Während Unternehmen global agieren, liegt die Verantwortung für Soziales und Ökologisches weitgehend in der Verantwortung der Staaten. Die Welthandelsverträge hatten zur Folge, dass Betriebe in Nordrhein-Westfalen oder Bayern in Konkurrenz zu billig produzierenden Betrieben in Bangladesch oder China gerieten und dass Produktionen ganz in das billiger produzierende Ausland verlagert wurden. Und schließlich geht die weltweite Finanz- und Bankenkrise auf eine Deregulierung der Finanzmärkte zurück, die nach 1989 erfolgte. Auch hier verzichteten die Staaten auf Regeln, die das Desaster der Lehman-Pleite mit seinen weltweiten Folgen möglicherweise verhindert hätten.

Die von Wilhelm Heitmeyer genannten »Signalereignisse« sind Begleiterscheinungen der Globalisierung. Sie sind auf ökonomische Prozesse zurückzuführen, die, wie Heitmeyer erklärt, in der Gesellschaft »schleichende Prozesse der Entsolidarisierung und der Desintegration« in Gang gesetzt haben.[69] Das Ergebnis beschreibt ein anderer Soziologe, Zygmunt Baumann, unter anderem so:

*[…] zu unserer »modernen« Lebensweise gehört die Pro-
duktion »überflüssiger Menschen«, die aufgrund des ökonomischen Fortschritts* lokal nutzlos *(überschüssig, ohne
Chancen auf dem Arbeitsmarkt) oder lokal untragbar
erscheinen […].*[70]

Unternehmen verlagern Arbeitsplätze in Schwellen- und Ent-
wicklungsländer. Dadurch steigt unser Einfluss dort, was sich in
wachsenden Exporten niederschlägt. Doch wir bezahlen solche
Wohlstandsgewinne mit einem Verlust an Arbeitsplätzen, und
wir haben es versäumt, diese Entwicklung mit einem Diskurs
über die Zukunft der Arbeit zu verknüpfen. Die Globalisierung
des Handels und die demografische Entwicklung unserer Bevölkerung verändern unsere Lebens- und Arbeitswelt. Und diesen Veränderungen sind wir bisher nicht in ausreichendem Maß
durch neue politische Konzepte begegnet.

Die Entwicklung war im Wesentlichen bestimmt von der In-
teressenlage großer produzierender Unternehmen. Aber es gibt
eben auch die andere Seite der Medaille. Durch die Praxis des
Outsourcings ist die Zahl der einfachen Arbeitsplätze zurück-
gegangen, und es ist absehbar, dass die Digitalisierung diesen
Prozess noch verschärfen wird. Doch anstatt den Wegfall zu
kompensieren, halten wir an traditionellen Arbeitsmodellen
fest. Das hat zur Folge, dass nun der Einzelne »vor der gänzlich
unerfüllbaren Aufgabe steht, individuelle Lösungen für gesell-
schaftlich produzierte Probleme zu finden«[71] – wie der Soziologe Ulrich Beck beobachtete.

Baumann wiederum beobachtet, die Leistungsgesellschaft
führe zur Entsolidarisierung zwischen den Menschen, was ja
auch Heitmeyer schon feststellte. Da jeder Einzelne »Leistung«
immer in Konkurrenz zu allen anderen Mitgliedern der Gesell-

schaft erbringen muss, leidet die Solidarität untereinander.[72] Solidarität hilft – zumindest scheinbar – dem Fortkommen des Einzelnen nicht, im Gegenteil: Wir leben wieder, wie Baumann schreibt, in einer »Welt des Krieges aller gegen alle«[73]. Auch die neue, alle umfassende Gemeinschaft der Netzwelt hat die Menschen nur scheinbar wieder näher zusammenrücken lassen:

> *Es macht Spaß, Facebook-Freunde zu haben, solange es darum geht, gemeinsam zu schreien, aber sie sind leider kaum von Nutzen, wenn es notwendig ist, gemeinsam zu handeln.*[74]

Ich frage mich: Könnte das ein Grund dafür sein, dass die Stimmung auf Facebook gekippt ist? Weil Facebook-Freunde echte Freunde nicht ersetzen? Weil die Vernetzung der gesamten Menschheit durch Facebook uns einander gar nicht wirklich näherbringt?

Hass

Wenn in jeder Krise eine Botschaft steckt, dann müsste die Botschaft der weltweiten Krise(n) wohl lauten: Wir sind ökologisch und sozial in eine Sackgasse gelaufen. Die Tatsache, dass die Produktion in einem globalen Wanderzirkus immer dahin läuft, wo Löhne und Ressourcen nichts oder wenig kosten und die Steuern niedrig sind, führt zu sozialen und ökologischen Missständen. Weder die Menschen noch die Natur werden dies auf Dauer verkraften.

Die Folgen der Globalisierung zeigen sich – wie könnte es

anders sein – auf der ganzen Welt. Allerdings zeigen sie sich in unterschiedlicher Weise. In vielen Ländern Asiens, Afrikas und Südamerikas leben große Teile der Bevölkerung unterhalb der Armutsgrenze. Und dies gilt wohlgemerkt auch für einige besonders arme Länder Europas. Regionale bewaffnete Konflikte, religiöser Terrorismus und zunehmende, lang anhaltende Dürreperioden und Hunger lassen die Menschen in die Städte – und dort zunächst und oft auf Dauer in die Slums – abwandern. Refugee Camps mit über hunderttausend Menschen müssen wohl als die Städte der Zukunft angesehen werden. Hier leben die Ärmsten der Armen.

Und wer noch bei Gesundheit ist, für wen die Familie noch Geld zusammenlegen kann, der macht sich auf den Weg aus der Perspektivlosigkeit heraus Richtung Europa: Etwas Besseres als den Tod finden wir überall.

Und in Europa wächst angesichts dieser Entwicklungen die Angst, selbst irgendwann zu den Verlierern zu gehören. Diese Angst wächst, wenn Geflüchtete die ohnehin schon brüchige Solidargemeinschaft vor neue, zusätzliche Herausforderungen stellen. Daran, dass die Angst wächst, ändert auch die viel gerühmte »Willkommenskultur« nichts.

In den Analysen von Heitmeyer, Baumann und anderen finde ich recht präzise beschrieben, was ich während meiner Hausbesuche erlebt habe. Heitmeyer spricht von einem »Zwiebelmuster« der sozialen Desintegration:[75] In der äußersten Schicht befinden sich Menschen wie der Meister aus Potsdam. Menschen, die schimpfen, vielleicht auch mal die AfD wählen, die aber in Gesprächen durchaus zu erreichen sind und offen für die Argumente des Gegenübers bleiben. Je weiter die soziale Desintegration jedoch fortgeschritten ist, desto stärker scheinen manche in die Parallelwelt von falschen Behauptungen und Verschwörungstheorien abzugleiten. So wie die beiden Männer, die ich in der Nähe von Köln und Saarbrücken antraf.

Der Hass, den solche Menschen im Internet ausleben, ist bei manchen ein Produkt der Ängste, die infolge der als unfair empfundenen Globalisierung und der von ihr erzeugten Krisen auf der ganzen Welt zunehmen. Angst und Ohnmachtsgefühle gehen Hand in Hand. Diese Ohnmacht kann in Hass umschlagen, wenn die Angst vor der eigenen Abwertung durch die Abwertung anderer kompensiert wird. Das erklärt, so Heitmeyer, warum die Fremdenfeindlichkeit und der Rechtsextremismus im Osten Deutschlands größer sind als im Westen: In den Gebieten der ehemaligen DDR erlebten viele Menschen mit der Wende die Abwertung ihrer Biografien.

Zwar würde ich hier einwenden, dass es auch in der DDR schon Rechtsextremismus gab. Ich glaube, er wurde verschwiegen, weil man sich staatlich verordnet als antifaschistisch definierte. Erst nach der Wende wurden darüber Berichte öffentlich, ob im tiefsten südlichen Sachsen oder in Magdeburg.

Das ändert jedoch nichts an dem psychologischen Phänomen, das Heitmeyer beschreibt: Indem man sich gegen andere, noch schwächere Gruppen wendet, verwandelt man das eigene Unterlegenheitsgefühl in ein Gefühl der Überlegenheit. Gewalt ist ein Mittel von Ohnmächtigen, sich wieder mächtig zu fühlen.

Auch diese Beobachtungen Heitmeyers werden von Baumann bestätigt, der damit in seinem »Essay über Migration und Panikmache« die »Angst vor den anderen«[76] erklärt:

Man hat das Gefühl, ein Opfer zu sein. Opfer wovon?
Von Umständen, auf die man nur sehr geringen oder gar
keinen Einfluss hat – von Kontrolle gar nicht zu reden.

*Wir sprechen hier gerne von »Schicksal«, doch mit dieser
Bezeichnung machen wir alles nur noch schlimmer. Dann
sind wir nicht nur Versager, sondern dazu noch kurzsich-
tige, unwissende oder unfähige und tölpelhafte Versager,
wodurch die Schmach und die daraus folgende Selbstver-
achtung sich verdoppeln: Das Schicksal hat kein Gesicht,
und meist ist es aussichtslos, ihm ein Gesicht geben zu
wollen. Um diese Erniedrigung zu vermeiden und etwas
von ihrer Würde und Selbstachtung zu retten, müssen die
Opfer diejenigen ausmachen und benennen, die sie zu
Opfern gemacht haben; und diese Leute müssen ein er-
kennbares Gesicht haben, damit man sie lokalisieren und
mit einem Namen belegen kann.*

*Migranten und vor allem die Neuankömmlinge unter
ihnen erfüllen alle diese Voraussetzungen bestens. Einen
Namen (zumindest einen Gattungsnamen) hat man ihnen
bereits gegeben […]. Die Ergebnisse sind so einfach und
so vertrauenswürdig (ja geradezu selbstverständlich) wie
die Tatsache, dass zwei plus zwei vier ergibt: Man erinnert sich nicht mehr, dass der Job schon unsicher und der
Wohlstand schon gefährdet war, bevor sie auf den Straßen auftauchten – während man jetzt, da sie angekommen oder auf dem Weg sind, nur zu gut weiß, dass es
so ist.*[77]

Baumann beschreibt hier denselben psychologischen Zusammenhang, den auch Heitmeyer beobachtet: Ressentiments gegen Minderheiten, insbesondere gegen Migranten, entstehen
als Folge von Ursachen, die nicht (zumindest nicht nur) in der
Zuwanderung selbst liegen. Die »Opfer«, von denen Baumann
spricht, genauer, die Menschen, die sich als Opfer »fühlen«, sehen

sich mit Umständen konfrontiert, deren Urheber sie nicht so ohne Weiteres ausmachen können. Wir alle wissen nicht, wen wir für manche negativen Folgen der Globalisierung eigentlich konkret zur Verantwortung ziehen sollen. Manche finden angesichts dieser Umstände für ihre Wut ein Ventil, indem sie sich gegen Migranten richten. Diese werden damit zu klassischen Sündenböcken für eine Situation, die sie selbst nicht verursacht haben.

Orientierungslosigkeit

Die Globalisierung hat in allererster Linie im Bereich der Wirtschaft stattgefunden. Auf der Suche nach immer neuen Absatzmärkten expandierten Unternehmen in alle Winkel der Erde, sie wurden zu Global Players, und mit ihren Gewinnen wuchs zugleich ihr Einfluss auf die Regierungen überall auf der Welt. Währenddessen ist die Politik, die Organisation des Gemeinwesens und innerhalb dieser die Verantwortung für das Wohl der Bürger weitgehend eine Angelegenheit von Nationalstaaten geblieben. Es hat keine Globalisierung von sozialen Standards stattgefunden – im Gegenteil. In reichen Ländern wie Deutschland kämpfen wir um den gesetzlichen Mindestlohn, die anerkannten Arbeitnehmerrechte. In Bangladesch verdient eine Näherin 50 Cent am Tag. Universelle Menschenrechte, eine der großen Errungenschaften unserer Zivilisation, gelten global bisher nur auf dem Papier.

Ähnlich sieht es bei den ökologischen Standards aus. Zwar bemüht sich die Weltgemeinschaft – neuerdings weitgehend unter Ausschluss der USA – hier um die Durchsetzung gemeinsamer Ziele, zumindest in Bezug auf den Klimawandel. Doch in der Praxis funktionieren die meisten Abkommen bisher nicht.

Diese Probleme zu lösen ist sehr kompliziert. Da es sich um Folgen der wirtschaftlichen Globalisierung handelt, lassen sich auch die daraus entstehenden sozialen und ökologischen Probleme nur global lösen. Ein Land allein kann mit noch so großer Anstrengung Prozesse wie den Klimawandel nicht aufhalten.

Für globale Lösungen globaler Probleme fehlt es aber an entsprechenden politischen Strukturen. Zwar gibt es zahlreiche Organisationen, Institutionen, Bewegungen und Aktivisten, die auf die Notwendigkeit von globalen Lösungen hinweisen und globales Handeln einfordern (die UNO, Greenpeace, Attack, Occupy Wallstreet etc.). Wer jedoch weltpolitische Themen in der nationalstaatlichen Tagespolitik thematisiert, stößt entweder auf Kritik oder auf wenig Interesse. Das haben wir Grüne während der Diskussion über Agrar- und Umweltpolitik und vor allem über die Handelsverträge (wie CETA und TTIP, die beiden Freihandelsabkommen der EU mit Kanada und den USA) deutlich zu spüren bekommen. SPD, CDU, das Bundeswirtschaftsministerium haben uns im Einklang mit Wirtschaftsverbänden massiv angegriffen, unsere Kritik ins Lächerliche gezogen, zum Beispiel durch den Vorwurf, wir kümmerten uns nur um Nebensächlichkeiten wie das Chlorhühnchen. Wir seien eine wirtschaftsfeindliche Partei und ignorierten das große Potenzial an neuen Arbeitsplätzen, die man sich von den geplanten Freihandelsabkommen verspricht. Und dann setzt man Kritikern des freien Handels die Pistole auf die Brust mit dem Argument: Wenn wir die internationalen Standards für den Handel nicht bestimmen, machen es andere. Es ist das immer gleiche Argument, mit dem die Wirtschaft die Politik unter Druck setzt: Wenn die großen Unternehmen verlieren, verliert die ganze Gesellschaft, weil die großen Unternehmen ja Arbeitsplätze zur Verfügung stellen. Eine Wirtschaft, die soziale und ökologische Verantwortung nicht als Hemmnis, sondern als selbstverständlichen Teil ihres ökonomischen Handelns versteht, können sich viele offenbar gar nicht vorstellen.

Solange aber Handelsverträge fast immer ohne Berücksichtigung von sozialen, ökologischen und gesundheitlichen Standards abgeschlossen werden, müssen wir uns nicht über die daraus resultierenden Probleme wundern. Leider entsprechen die meisten Abkommen ausschließlich kurzfristigen wirtschaftlichen Interessen. Und leider werden die langfristigen Folgen kaum berücksichtigt, die nicht nur einzelne Staaten, sondern auch die Weltgemeinschaft als Ganzes betreffen (zum Beispiel, wenn durch sie Armut entsteht und dadurch neue Fluchtursachen).

Wir streiten also – zu Recht – innerhalb der EU über die Engführung von Handelsverträgen, gegen eine wachsende Kluft zwischen armen und reichen Bevölkerungsschichten und für eine faire Handelspolitik. Jedoch scheint schon die EU vielen zu groß und undurchschaubar. Wie weit entfernt sind wir da von einer »Weltinnenpolitik«?

Den Begriff der »Weltinnenpolitik« verwendete Willy Brandt, um deutlich zu machen, dass wir zu einer Weltgemeinschaft zusammengewachsen sind. Am 12. Februar 1980 legte er den Vereinten Nationen den Abschlussbericht der sogenannten »Nord-Süd-Kommission« vor, in dem die Verfasser forderten, Afrika stärker – und fairer – in die Weltwirtschaft einzubeziehen:

Die Globalisierung von Gefahren und Herausforderungen – Krieg, Chaos, Selbstzerstörung – erfordern [sic!] eine Art »Weltinnenpolitik«, die über den Horizont von Kirchtürmen, aber auch nationalen Grenzen weit hinausreicht.[78]

Heute, fast vierzig Jahre später, erleben wir statt einer Weltinnenpolitik ein »Zurück in die Vergangenheit«: »Mobilisierungsakteure« von Marine le Pen über Donald Trump bis Alexander Gauland schlagen Kapital aus den negativen Folgen der Globalisierung. Sie verwandeln die Ohnmachtsgefühle Einzelner in kollektive Machtgefühle. Gezielt und erfolgreich wenden sie sich an Menschen, die Angst haben, sich überfordert fühlen und die Ursachen für ihre Situation nicht mehr verstehen. Sie locken sie mit dem Versprechen, Grenzen zu schließen, als könnte man die Globalisierung mit all ihren Folgen vor die Tür setzen. Angst, Orientierungslosigkeit und Ohnmacht sind ein guter Nährboden für Rechtsextremisten.

»People just don't know what to think anymore«, titelte der *Guardian* in einem Artikel vom April 2017, kurz vor den Präsidentschaftswahlen in Frankreich.[79] Diese Menschen, von denen viele sich den Rechtspopulisten zuwenden, sind nicht unbedingt sozial Abgehängte. Ich nenne sie »von der Globalisierung Irritierte«, denn in den Gesprächen, die ich führe, fällt mir auf, dass viele Menschen im undurchschaubar gewordenen Geflecht von weltweit gespannten Verkehrs-, Kommunikations- und Handelsnetzen die Orientierung verloren haben.

Teile und herrsche

Es ist der naheliegende Moment, um Ängste zu schüren und die nationalistische Trommel zu rühren. Diese neuen Kumpel, Vladimir Putin und Donald Trump, haben sich darauf spezialisiert. Das Vladimir-Trump-Handbuch

der Politik lehrt, dass große Lügen große Ängste pro-
duzieren, die große Gewinne für starke Männer ab-
werfen.[80]

Wenn starke Männer – oder Frauen – gewinnen, verliert das
»Volk«, das die Rechtspopulisten angeblich vertreten – von Donald Trump, Nigel Farage und den Brexiteers bis zu Marine le
Pen und der AfD (wobei die beiden Letztgenannten nicht wirklich gewonnen haben – aber das kann und darf uns nicht beru-
higen). Denn in der Praxis funktionieren die einfachen Lösungen nicht, die sie vorschlagen. Dass ihnen das »Volk« am Ende
auch gar nicht so sehr am Herzen liegen könnte, führt Donald
Trump der Welt gerade vor Augen, indem er den Finanzmarkt
dereguliert und damit genau die Situation wiederherstellt, die
wenige Banker reich und viele Bürger arm gemacht hat. Oder
indem er die von Barack Obama initiierte Gesundheitsreform
zurückdreht, was insbesondere sozial Schwache und unter
ihnen vor allem Frauen und Kinder trifft.

Und doch haben jene Parteien großen Zulauf, die mit den
Ängsten und dem Frust von Bürgern Wahlkampf machen. Sie
sagen den Verängstigten: Der Grund für eure Sorgen sind Geflüchtete, Muslime, alle, die anders sind als ihr. Sie fordern sie
auf, sich gegen die größten Verlierer unter den Verlierern zu
wenden, die Flüchtlinge. Sie locken mit Ideen, die vor allem den
Vorzug haben, einfach zu sein. Damit, so scheint es, geben
sie den von der Globalisierung Irritierten das, was sie suchen:
Orientierung, Sicherheits- und Identitätsgefühle. Das Angebot
der angeblich so starken Anführer besteht darin, dass sie die Anstrengung überflüssig machen, sich über eine unüberschaubare
Zahl von politischen Konzepten zu informieren. Wer ihnen
folgt, muss sich nicht immer wieder neu entscheiden. Von der

Vielfalt überfordert, flüchtet man sich gemeinsam in undifferenzierte Behauptungen. Alle Muslime sind Terroristen, alle Mitglieder der Grünen sind ohne Schulabschluss, alle Journalisten Lügner. Das ist einfach, aber freilich auch ungefähr so wirklichkeitsnah wie die Vermutung, nach der Bundestagswahl im September 2017 werde ein Kandidat der Piratenpartei den Bundeskanzler stellen.

Ich erinnere mich noch gut an den Wahlspruch der Brexit-Befürworter, mit dem insbesondere der amtierende britische Außenminister Boris Johnson für den Austritt Großbritanniens aus der EU warb: »Take back control« – wir wollen die Kontrolle über unser Land zurück. Das klingt nachvollziehbar, denn die politischen Prozesse innerhalb der EU sind in der Tat kompliziert. Doch auch hier fehlte es an Wirklichkeitsnähe; auch hier handelt es sich um ein Versprechen, das sich nicht einlösen lässt. Denn der Austritt aus der EU ändert nichts an den weltweiten wirtschaftlichen Verflechtungen, durch die wir alle in Abhängigkeit voneinander geraten sind. Die Politik der Abschottung, die Rückkehr zum Nationalstaat, der Bau von Mauern und geschlossene Grenzen werden daran nichts ändern. Sie werden die Herausforderungen der Globalisierungen nicht mindern. Es sei denn, man möchte in Großbritannien in Zukunft auf Smartphones verzichten, da deren Bestandteile aus Afrika oder China kommen. Oder auf Fleisch aus Südamerika, auf indonesisches Palmöl, das in jedem zweiten Produkt in unseren Supermärkten steckt. Selbst Medikamente beziehen wir in Europa und den USA heute zum allergrößten Teil aus Indien und China. Angesichts solcher Verflechtungen kann »Take back control« nicht mehr sein als ein hilfloser Versuch der Verdrängung. Man versucht damit lediglich, die wahren Probleme außer Sichtweite zu schieben.[81]

Dennoch ist die Strategie der Populisten, mit großen Lügen große Ängste zu produzieren, um selbst große Gewinne zu erzielen, mancherorts bereits aufgegangen. Und im Rahmen dieser Strategie hat der Hass im Netz eine wichtige Funktion. Wer darin bloße Meinungsäußerungen besorgter Bürger sieht, unterschätzt das Problem. Denn längst zeichnet sich ab, dass Staaten und Geheimdienste die sozialen Netzwerke nutzen, um politische Ziele durchzusetzen. Zu den »großen Lügen« gehören tausendfach gestreute Fake News, die unter anderem der Manipulation von Wahlen dienen.

Da ich selbst mehrfach Opfer von Gerüchten im Netz wurde, bin ich der Sache nachgegangen. Im September 2015 nahm die EU East StratCom Task Force (deutsch: *Strategisches Kommunikationsteam Ost*) des Europäischen Auswärtigen Dienstes (EEAS) ihre Arbeit auf. Sie wurde installiert, um Desinformationskampagnen zu begegnen, mit denen Russland die EU seit geraumer Zeit attackiert. Seither hat die Task Force mehr als zweieinhalbtausend falsche Berichte in achtzehn Sprachen identifiziert. Solche Berichte werden im Netz gestreut, um Verwirrung zu stiften. Dahinter steckt eine politische Strategie, die schon die Römer angewendet haben: »Teile und herrsche.« Man schwächt einen Nachbarn, indem man Zwietracht sät, und gewinnt auf diese Weise selbst an Macht und Einfluss. Ganz in diesem Sinne liest sich, wie man seitens der EU die Aktivitäten Russlands einschätzt: »Das Ziel der [russischen] Desinformationskampagne ist die Schwächung und Destabilisierung des Westens, durch Ausnutzung von bestehenden Spaltungen oder die Schaffung neuer.«[82]

Die digitale Version des »Teile und herrsche« setzt auf einen Krieg der Informationen. In einem Artikel auf *Spiegel Online* vom 28. April 2017 heißt es dazu:

Wer sich in diesen Monaten bei Facebook einloggt, be-
tritt ein Schlachtfeld. Er kann Spielball werden in einem
neuartigen Informationskrieg, in dem Geheimdienste
und andere Gruppen Meinungen, Debatten, Wahlen be-
einflussen – mit Mitteln, die immer schwerer zu durch-
schauen sind. [83]

Der Artikel handelt von einem Bericht, der unter dem Titel »In-
formationsoperationen und Facebook« veröffentlicht wurde.
Darin gestehen Gründer Mark Zuckerberg und sein Unterneh-
men zum ersten Mal offen ein, dass Facebook bei der Verbreitung von Fake News im Rahmen gezielter Desinformationskampagnen eine zentrale Rolle spielt. Da sind zum Beispiel
E-Mails des Wahlkampfteams von Hilary Clinton, die 2016 im
Vorfeld der Präsidentschaftswahlen in den USA geleakt wurden.
Im Bericht heißt es dazu, es seien nachweislich Fake-Accounts
bei Facebook eingerichtet worden, um Hinweise auf diese
Leaks zu verbreiten. Solche Fake-Accounts sind ein wirksames
Mittel, um den Eindruck zu erwecken, bestimmte Nachrichten
seien echt und bestimmte Meinungen seien mehrheitsfähig, da
sie tausendfach geteilt werden. Wir erinnern uns: Auf ähnliche
Weise wurden einige hasserfüllte Retweets zu meinem Würzburg-Tweet als »Shitstorm«, als Mehrheitsmeinung wahrgenommen. Im französischen Präsidentschaftswahlkampf, auch
das geht aus dem Facebook-Bericht hervor, hat das Unternehmen bis Mitte April dreißigtausend falsche Profile gesperrt. Dabei verweist Facebook-Sicherheitschef Alex Stamos auf den
»quasimilitärischen Charakter« solcher Operationen, bei denen
es darum geht, den Informationsraum zu beherrschen. Dieser
wird mit politischen Botschaften geradezu überschwemmt, so-
dass andere Positionen untergehen. [84]

Die Verbreitung von Fake News ist aber möglicherweise nicht die einzige Waffe, die in sozialen Netzwerken für Desinformationskampagnen eingesetzt wird. Im Zuge der US-Präsidentschaftswahl von 2016 machte eine Firma von sich reden, die riesige Datensätze aufkauft, um sie für politische Zwecke einzusetzen. Das Unternehmen *Cambridge Analytica* bietet seinen Kunden an, Kommunikationsstrategien auf bestimmte Zielgruppen zuzuschneiden und damit, zum Beispiel, Wähler umzustimmen. Wie Nachrichtenmagazine im Dezember 2016 meldeten, brüstete das Unternehmen sich sogar damit, es habe auf diese Weise Donald Trump ins Amt geholfen[85] – eine Nachricht, die allerdings wohl doch mit Vorsicht zu genießen ist, denn der tatsächliche Einfluss der Aktivitäten von *Cambridge Analytica* auf die Wahl ist schwer nachzuweisen.

Wie auch immer – Kern solcher Kommunikationsstrategien ist das Data-Mining: Unternehmen wie *Cambridge Analytica* kaufen Daten, die Facebook gesammelt hat, um sie für das sogenannte Microtargeting zu nutzen. Dabei werden die Daten einzelner User ausgewertet, um »überzeugbare Wähler« ausfindig zu machen und diese gezielt mit Informationen zu beliefern. Zum Beispiel mit Bildern von Migranten, die das Land förmlich überrennen. »Der Schlüssel ist es«, wie Carole Cadwalladr vom britischen *Observer* schreibt, »die emotionalen Angriffspunkte jedes einzelnen Wählers zu finden.«[86]

Während ich dieses schreibe, erscheint im *Guardian* ein ausführlicher Artikel von Cadwalladr, in dem sie die Aktivitäten von *Cambridge Analytica* und einer kanadischen Firma namens *AggregateIQ* im Zusammenhang mit dem Brexit untersucht.[87] Anders als Google, Facebook und Co., die Daten vor allem zu Werbezwecken nutzen und damit kommerzielle Gewinne machen, soll es mithilfe von *Cambridge Analytica* und *AggregateIQ* gelungen sein, die Wählerstimmung durch Microtargeting zugunsten des Brexit zu drehen.

Die Recherchen der britischen Journalistin lassen diesen Verdacht mindestens plausibel erscheinen. Da sind zum einen bemerkenswerte Geldströme. So gaben alle größeren Kampagnen, die für den Austritt aus der EU warben (Vote Leave, Be Leave, Veterans for Britain und die Democratic Unionist Party), hohe Summen ihres Wahlkampfbudgets für Dienstleistungen von *Cambridge Analytica* bzw. *AggregateIQ* aus. Allein die offizielle Kampagne *VoteLeave* soll der *AggregateIQ* 3,9 Millionen Pfund gezahlt haben, mehr als die Hälfte des offiziellen Wahlkampfbudgets von 7 Millionen Pfund.

Zum anderen stieß Cadwalladr auf unzählige personelle Verbindungen. Hinter der Firma *Cambridge Analytica,* einem US-amerikanischen Ableger der britischen SCL Group, steht der schwerreiche Unternehmer Robert Mercer. Mercer, der als ausgezeichneter Informatiker gilt, stieg zu einem der erfolgreichsten Hedgefonds-Manager in den USA auf und unterstützte den Wahlkampf Donald Trumps als dessen größter Geldgeber. Cadwalladr fand Verbindungen zwischen Mercer und dem rechtsextremen Berater Trumps, Stephen Bannon, ebenso wie mit Nigel Farage, dem Gründer der rechtspopulistischen, mittlerweile schon wieder fast in der Versenkung verschwundenen Ukip-Partei in England. Der Ukip-Gründer gehörte zu den Ersten, die den Brexit als politisches Ziel formulierten. Farage wiederum ist seit mindestens 2012 mit Bannon befreundet.

Die Autorin fand zudem Hinweise darauf, dass die Anfänge von *Cambridge Analytica* auf Kreise des britischen Militärs zurückgehen:

*SCL/Cambridge Analytica ist nicht irgendein Start-up,
das ein paar Jungs mit einem Mac PowerBook gegründet
haben. Es kommt vielmehr aus dem britischen Militär.*[88]

Und sie warnt:

*Diese Geschichte handelt nicht von Sozialpsycholo-
gie und Datenanalyse. Sie muss verstanden werden als
Geschichte über einen militärischen Unternehmer, der
militärische Strategien gegen eine Zivilbevölkerung einsetzt.*[89]

Und schließlich, so berichtet Cadwalladr, sei sie bei ihren Recherchen immer wieder auf Kontakte zu Russland gestoßen,
und zwar »aus verschiedenen Richtungen«. Diese Kontakte
beobachten wir auch in Deutschland seit geraumer Zeit, und
zwar bei den europäischen Rechtspopulisten. Sie vernetzen sich
nicht nur untereinander, sondern sind, wie Frauke Petry und
Marine le Pen, auch nach Russland gereist; auch wenn sie in den
Medien dementierten, sich dabei untereinander abgesprochen
zu haben.

Besonders interessant finde ich, dass Cadwalladr im Zusammenhang mit dem Data-Mining den Begriff »Land Grabbing«
verwendet – »Landraub«:

*Wir befinden uns inmitten eines riesigen Landraubs, es
geht um Macht, die einige Milliardäre sich mithilfe unserer Daten aneignen. Daten, die im Stillen angehäuft, ge-
erntet und aufbewahrt werden. Wer immer diese Daten
besitzt, dem gehört die Zukunft.*[90]

Als Landraub wird seit Längerem die Praxis kritisiert, mit der sich privatwirtschaftliche Unternehmen und Regierungen in fremden Staaten größere Agrarflächen aneignen. Zum Teil werden Ackerflächen tatsächlich aufgekauft, zum Teil wird das Ackerland degradiert: Anstatt die Bevölkerung vor Ort zu ernähren, baut man großflächig Bestandteile für verarbeitete Lebensmittel wie zum Beispiel Palmöl oder Soja an, das dann aus asiatischen Staaten, Brasilien oder Argentinien nach Europa und in die USA geliefert wird. Parallel zur Entwicklung dieser Agrarindustrie findet eine Konzentration im Bereich Saatgut und Agrarchemie statt. Der jüngste bekannte Fall ist dabei der Versuch der Firma Bayer, das US-amerikanische Unternehmen Monsanto aufzukaufen und damit zum weltgrößten Agrarchemie-Unternehmen zu werden, von nur noch drei Agrarchemie-Riesen insgesamt.

Der Vergleich mit dem Data-Mining ist durchaus treffend, da hier eine noch stärkere Konzentration von Besitz und Macht stattfindet. Denn bisher werden die in der digitalen Welt anfallenden Daten von nur wenigen globalen »Mineneigentümern« geschürft.

Beide Formen des Land Grabbing haben einen fundamentalen gesellschaftlichen und wirtschaftlichen Wandel zur Folge:

Die Macht und Dominanz des Silicon Valley – Google und Facebook und eine kleine Handvoll anderer – stehen im Zentrum einer globalen tektonischen Verschiebung, die wir gerade erleben.[91]

Der tatsächliche Einfluss von *Cambridge Analytica* und anderen Datenfirmen auf den Ausgang des Brexit-Referendums und der Wahl Donald Trumps ist umstritten. Dennoch lässt sich nicht von der Hand weisen, dass es ihnen zumindest teilweise gelungen ist, die »Mainstream-Medien« empfindlich zu treffen und sie durch »alternative Fakten«, »fake history« und rechtsextreme Propaganda unter Druck zu setzen.[92] Diese Propaganda beeinflusst über die Grenzen von Echokammern hinaus auch den öffentlichen Diskurs. Genau das ist das Ziel von Aktivisten der extremen Rechten wie Stephen Bannon. Von ihm berichtet ein im *Guardian* namentlich nicht genannter Zeuge, Bannon glaube, um Politik zu verändern, müsse man erst die Kultur verändern.[93] »Die Kultur zu verändern« aber bedeutet nichts anderes, als den Diskurs weit nach rechts zu verschieben, sich über geltende Umgangsformen des Anstands hinwegzusetzen und damit das Grundrecht der Menschenwürde infrage zu stellen. Etwas Ähnliches wird Vertretern der AfD bescheinigt, wie ich bereits im ersten Teil dieses Buches beschrieben habe.

Womit ich wieder bei meinem Thema bin: Hass ist keine Meinung. Bei der Auseinandersetzung, die wir gerade erleben, handelt es sich sicherlich in individuellen Einzelfällen um Fragen der Meinungsfreiheit. Davon abgesehen aber dient der Kampf um die Meinungsfreiheit einer Handvoll sehr reicher, sehr mächtiger Autokraten und Unternehmer, um Menschen für ihre Zwecke zu instrumentalisieren. Sie nehmen sich die Freiheit, die Meinung aller anderen zu manipulieren, weil es diesen Autokraten offenbar nur um ihre eigene Meinungsfreiheit geht. Ihr Ziel ist es, die Grundlagen für eine andere Politik zu schaffen. Dass diese Politik nicht mehr zwangsläufig im Rahmen einer demokratischen Grundordnung stattfinden muss, darauf weisen einige Entscheidungen des derzeitigen US-Präsidenten Trump hin: aktuell die Entlassung des FBI-Direktors James Comey, in der selbst republikanische Parteikollegen Trumps eine Verletzung des Grundprinzips der Gewaltenteilung sehen.

Man mag Informationen, wie sie von Cadwalladr recherchiert wurden, im Einzelnen bewerten, wie man will. Man mag am tatsächlichen Einfluss von *Cambridge Analytica* und anderen Datenfirmen auf den Ausgang des Brexit und die Wahl Donald Trumps zweifeln. Oder daran, wie stark Militärs – in England, aber auch in den USA – in solche Machenschaften verstrickt sind. Eines aber ist nicht zu leugnen: Das Phänomen Hatespeech im Netz geht nicht nur auf einige frustrierte Bürger zurück, die ihrem Ärger auf unzivilisierte Weise Luft machen. Denn Fakt ist, dass der *Traffic* bei Facebook und Twitter auch durch Tausende Fake-Accounts gefüttert wird, zu denen noch sogenannte Social Bots hinzukommen, also in großer Zahl verbreitete Hass-Kommentare und Fake News, die von maschinellen Operatoren erzeugt werden.

Irgendjemand richtet diese Fake-Accounts und Social Bots ein. Man muss kein Verschwörungstheoretiker sein, um dahinter jene zu vermuten, die damit Politik betreiben. Rechtsextremisten in Europa und den USA, russische Geheimdienste – wer immer das tut, verspricht sich davon einen Gewinn. Es ist ein bisschen wie bei der Werbung: Würde sie nicht wirken, würden die Konzerne nicht unendliche Summen dafür ausgeben. Warum also sollten die Brexit-Befürworter Millionenbeträge an eine Datenfirma überwiesen haben, wie Cadwalladr schreibt, wenn deren Dienstleistung, eine auf den einzelnen Wähler zugeschnittene Kommunikationsstrategie, gar nicht zündet?

Hatespeech und Fake News sind Mittel zum Zweck. Sie werden von Menschen eingesetzt, die damit handfeste Interessen verfolgen. Ich bin absolut sicher, dass diese Interessen nicht im Gemeinwohl und der Sorge um den einfachen Bürger liegen.

Was tun?

Die lokale und die globale Dimension des Problems

Zu den größten Erfolgen der Neuen Rechten gehört die Tatsache, dass immer mehr Menschen glauben, man dürfe seine Meinung nicht mehr sagen. Und die, die es glauben, fühlen sich ausgegrenzt. Denn wie sollen sie sich konstruktiv einbringen, wenn ihnen der Mund verboten wird? Eben deshalb ist die Behauptung, man dürfe seine Meinung nicht sagen, so wirkungsvoll: Sie spaltet die Gesellschaft in die, die das – angeblich – »politisch Korrekte« denken und deshalb Macht und Rederecht besitzen, und andere, die – angeblich – ausgegrenzt werden. Genau diese Spaltung ist das Ziel, das Rechtsextreme verfolgen. Deshalb kann ich meine wichtigste Botschaft gar nicht oft genug wiederholen: Die Behauptung ist falsch, es handelt sich um Fake News. Denn das Grundgesetz schützt die Meinungsfreiheit, man darf in Deutschland seine Meinung sagen.

Ich bin auf meiner Reise zu einigen Verfassern von Hassbotschaften auf Menschen gestoßen, die sich von der Politik vernachlässigt fühlen. Meine Suche hat mich aber auch zur organisierten Neuen Rechten geführt, ebenjenen, die Ressentiments gegen Minderheiten und die Wut auf das sogenannte Establishment schüren. Und die sich dabei noch als Opfer stilisieren mit der Behauptung, man verbiete ihnen das Wort. Hier, finde ich, muss man dringend unterscheiden zwischen denen, die echte Sorgen haben, und denen, die solche Sorgen für politische Zwecke ausnutzen. Ich habe nach den Ursachen geforscht: den Folgen der Globalisierung, anhaltenden Krisen, der Angst vor sozialem Abstieg und vor »Überfremdung« durch zu viele Flüchtlinge. Und schließlich bin ich auf Informationen über Rechtspopulisten und Rechtsextreme von den USA bis nach Russland gestoßen, die in den sozialen Netzwerken Propaganda betreiben und riesige, online gesammelte Datenmengen für ihre politischen Ziele missbrauchen. Ich bin also einer Vielzahl von Spuren gefolgt, die einerseits in die Wohnzimmer deutscher Städte und Dörfer führen, andererseits durch die halbe Welt. Deshalb weiß ich heute, dass wir über das Problem »Hass im Netz« auf mehreren Ebenen nachdenken müssen.

Erstens auf der Ebene des Miteinanders in unserer Gesellschaft, hier vor Ort. Wir brauchen ein neues politisches und zivilgesellschaftliches Engagement, das möglichst viele Menschen einbindet. In den Beschimpfungen, die mich auf Facebook und Twitter erreicht haben und denen ich nachgereist bin, drückt sich der Frust von Bürgern gegenüber Politikern aus. Die Beziehung scheint – zumindest mancherorts – auf einem Tiefpunkt. Wir erleben eine Krise des Vertrauens, nicht nur in uns Politiker, sondern auch in die Medien und in die Institutionen unserer Demokratie. Auf dieser Ebene gibt es großen Handlungsbedarf, ganz egal, ob das, was im Internet geschieht, möglicherweise von russischen Geheimdiensten oder anderen Kräften befeuert wird. Wir müssen hier vor Ort ins Gespräch kommen: Politiker und Bürger, Journalisten und Leser, Hörer, Nachbarn – alle, die in diesem Land zusammenleben. Wir müssen uns als Gesellschaft verteidigen, und ich finde, wir fangen damit am besten an, indem wir unsere Umgangsformen wiederherstellen: einander zuhören, andere Meinungen akzeptieren, auf Diffamierungen und Beleidigungen verzichten. Alles ist erlaubt – sofern es das Grundrecht der Menschenwürde nicht verletzt. Bei alledem geht es am Ende darum, die Demokratie zu verteidigen. Darauf will ich in diesem letzten Teil des Buches genauer eingehen.

Die zweite Ebene ist die der politischen Intervention und der rechtlichen Rahmensetzungen. Dabei dürfen wir auch die globale Dimension des Phänomens nicht außer Acht lassen. Wir müssen uns mit dem Thema Daten befassen, ebenso wie mit der Verantwortung von Unternehmen wie Google und Facebook, die große Mengen an Daten über uns sammeln. Hier müssen wir völlig neu denken, und soweit es mich betrifft, ist die Zahl der Fragen im Moment noch weit größer als die der Antworten.

Strafanzeigen und Strafanträge: Viel Lärm um (fast) nichts?

Als die Menge der Hassbotschaften im Netz zunahm, reagierten manche unter den Betroffenen wie ich und stellten Strafanzeigen und Strafanträge. Es lohnt sich, einen Blick auf diese Verfahren zu werfen und auf die Begründungen, mit denen diese Verfahren entschieden werden oder gar nicht erst zur Anklage kommen. Denn hier zeigt sich: Die Meinungsfreiheit ist in Deutschland ein extrem hohes Gut; das Strafrecht wird ausgesprochen vorsichtig angewendet. Das hat nicht nur AfD-Spitzenkandidatin Alice Weidel unlängst erfahren, als sie einen Antrag auf Erlass einer einstweiligen Verfügung gegen die satirische Beschimpfung als »Nazi-Schlampe« stellte, der vom Landgericht Hamburg abgelehnt wurde.[94] Auch ohne jede satirische Absicht darf man vieles straffrei sagen. Was ich prinzipiell begrüße, wenngleich es auch mir nicht immer leichtfällt. Und nicht immer leuchten mir die Begründungen der Staatsanwalt-schaft für die Einstellung eines Verfahrens ein. Wie im folgenden Fall:

Am 28.08.2016 zeigte ich den Verfasser eines Posts wegen Beleidigung an. Der Post gehörte zu den Reaktionen, die ich auf meinen Tweet nach dem Attentat erhielt, bei dem am Abend des 18. Juli ein afghanischer Flüchtling in einem Zug in Bayern vier Menschen mit einer Axt schwer verletzt hatte (der sogenannte »Würzburg-Tweet«). Der von mir angezeigte Facebook-Eintrag lautete:

> Typisch für eure scheiß Partei, Einfach abschießen dieses Pack!!! Kostet eh nur Steuergeld dieses Gesindel

Auf meine Anzeige erhielt ich vom Verfasser des Eintrags einen Brief mit der Bitte, die Anzeige gegen ihn fallen zu lassen. Er schrieb mir:

> Ich habe Sie damit persönlich in keinster Weise beleidigen oder Ihnen Gewalt androhen wollen. Sollten Sie Sich jedoch davon persönlich angesprochen fühlen entschuldige ich mich hiermit dafür bei Ihnen.

Anstatt es aber bei dieser Entschuldigung zu belassen, formulierte er seinen Kommentar in dem Brief an mich um:

> Der Eintrag ist mal wieder Typisch für Ihre Partei die Grünen. Was den Attentäter betrifft finde ich das vollkommen in Ordnung das dieser von der Polizei erschossen wurde.

Zum einen kann er so keine weiteren Menschen
verletzen oder gar töten und zum anderen
kostet er so dem Statt kein Geld mehr«
Ich hoffe ich konnte Ihnen hiermit meine
Unschuld belegen und bitte Sie die Anzeige
gegen mich fallen zu lassen.
Mit freundlichen Grüßen,
XY

Ich konnte in dem Schreiben keine ernst gemeinte Entschuldigung erkennen, weshalb ich die Strafanzeige nicht fallen ließ. Einen Monat später, am 30. September 2016, teilte die Staatsanwaltschaft Berlin mir mit, sie habe das eingeleitete Ermittlungsverfahren gegen Herrn XY eingestellt.

Denn nach Überprüfung der zweifelsohne
haarsträubenden Äußerung unter hier allein
maßgeblichen strafrechtlichen Gesichts-
punkten ist kein strafbares Handeln des
Beschuldigten gegeben. [...]
Der Beschuldigte kritisiert [im Zusammenhang
mit meinem Würzburg-Tweet, Anm. RK],
Ihre Aussage sei typisch für die Grünen,
die vom Beschuldigten als »scheiß Partei«
angesehen wird. Der Angreifer wird vom
Beschuldigten als dem »Pack« und »Gesindel«
zugehörig angesehen, der einfach erschossen
gehöre, weil seiner habhaft zu werden und
ihm den Prozess zu machen nur Steuergeld
koste.
Auch derartige, den Rechtsstaat missachtende

Äußerungen sind grundsätzlich im Lichte des
Grundrechtes der Meinungsfreiheit nach Art.
5 Abs. 1 GG zu betrachten. […]

Nachdem der Staatsanwalt ausführlich erläutert, inwiefern es sich bei dem Post um eine »Meinungsäußerung« handelt, folgt eine Begründung, warum es sich bei dem Satz »Einfach abschießen dieses Pack!« nicht um eine Schmähung im Sinne einer Ehrverletzung handelt:

Eine Äußerung nimmt den Charakter einer
Schmähung erst dann an, wenn nicht mehr die
Auseinandersetzung in der Sache, sondern –
jenseits auch polemischer und überspitzter
Kritik – die Diffamierung der Person im
Vordergrund steht […]. Sie liegt bei einer
die Öffentlichkeit wesentlich berührenden
Frage nur ausnahmsweise vor und ist eher
auf die Privatfehde beschränkt […].

Mit anderen Worten: Wenn man Menschen als »Pack« und »Gesindel« bezeichnet und fordert, sie »einfach abzuschießen«, hat man damit noch niemanden diffamiert, geschmäht oder beleidigt. Noch besser wird die Begründung, die einer Anzeige wegen Volksverhetzung widerspricht:

Soweit im Zusammenhang der Äußerung der
Angreifer als »Pack« und »Gesindel«
bezeichnet wird, ist auch der Tatbestand
der Volksverhetzung gemäß §130 StGB bereits
nicht gegeben, da eine Verknüpfung wegen

seiner Zugehörigkeit zu einer nationalen,

rassischen, religiösen oder durch die

ethnische Herkunft bestimmten Gruppe durch

den Beschuldigten nicht vorgenommen wird.

Ein Mann, der nach dem Würzburg-Attentat auf meiner Facebook-Seite den Kommentar »Renate Künast ist Mörders Helferin!« hinterließ, wurde ebenfalls von der Staatsanwaltschaft nicht belangt. Im entsprechenden Schreiben der Behörde an mich heißt es, »es sei nicht die Absicht des Beschuldigten gewesen, Sie zu beleidigen«. Und an anderer Stelle: »Eine insbesondere alleine auf Ihre Person zielende persönliche Diffamierung ist in der Facebook-Äußerung des Beschuldigten nicht erkennbar.« Sie sei, heißt es weiter, durch die Meinungsfreiheit gedeckt und damit als legitime Meinungsäußerung aufzufassen.

Facebook-Nutzer Chris S., der »zieh leine du hure« auf meiner Seite postete, begründete den Post gegenüber der Polizei:

»Der Post sei niemals ernsthaft an Frau Künast gerichtet. Er wollte seinem Freund einen dummen Streich spielen. Sollte sich Frau Künast beleidigt fühlen, tue es ihm wirklich sehr leid. Er habe bis zum heutigen Tag keine Sympathie, aber auch keine Antipathie für Sie.« Er schließt mit der inständigen Bitte, das Verfahren aufzuheben, da eine Geldstrafe bei seiner Ausbildungsvergütung ein Genickbruch wäre.

Die Polizei kündigte mir ein Entschuldigungsschreiben des Nutzers an, das jedoch bei mir nicht eintraf. Ich habe die Anzeige aufrechterhalten. Es sind erwachsene Menschen, die mir da schreiben, und ich finde, sie müssen dafür geradestehen. Und es ist keine Erklärung, aus dem Affekt gehandelt zu haben, erst recht nicht mit der Begründung, sich dadurch besser fühlen zu wollen.

Ein Beschuldigter, der wegen Beleidigung meiner Person einen Strafbefehl erhielt und eine Buße in Raten zu zahlen hatte, setzte seine Beschimpfungen auf jedem Überweisungsträger fort:

Rate an die Hure Künast
Rate an Hauklotzgesicht Künast
Rate an Dreckshure Künast
Rate an die grüne Lespe Künast
Rate an die Schlampe Künast
Rate an Schleusserin Künast

Immerhin, in diesem Fall erhielt ich Unterstützung durch die Polizei Berlin. Sie machte mich auf diese erneute Beleidigungen aufmerksam und erkundigte sich, ob ich einen weiteren Strafantrag stellen wolle.

Die juristische Verfolgung von Diffamierungen im Netz scheitert nicht immer an einer weit gefassten Auslegung dessen, was im Rahmen der Meinungsfreiheit erlaubt ist. In vielen Fällen schützt die Anonymität im Netz einen Täter, weil sich seine Identität nicht ermitteln lässt.

Gegen folgende Äußerungen, die am 9. Oktober 2016 unter dem Namen »Sara E.« auf Facebook zu lesen waren, habe ich am 8. November 2016 Strafanzeige wegen Volksverhetzung gestellt:

Heute in den Nachrichten! Merkel ist wieder beliebter. Mir kommt das kotzen im Dauerstrahl. Worin beliebt?? Wahrscheinlich, als Abschusssubjekt, dass würde passen. Wer immer diese »Volksverräterin« liebt, ist entweder mit nem Hammer getauft worden, oder hochgradig Suizidgefährdet. Naja, ich würde keinen von diesem Geschmeiss vermissen. Denn, ohne diesen ganzen Abschaum, wäre Deutschland endliche wieder »sauber« und vor allem wieder »DEUTSCH« DENN, wir brauchen weder eine Kanzlerin, die ihr eigenes Volk verrät, und auf Raten abschlachten lässt, noch brauchen wir einen miesen Fettwanst Namens Gabriel, der UNS als »PACK« beschimpft, und seinen Drecksfinger gegen uns erhebt. Wir brauchen auch keinen gründen Dünnschiss, wie diese linke Bazille Roth, die UNS hasst, und alles was Moslem ist anbetet. Ein verpeiltes dummes Maasmännchen brauchen wir auch nicht. Auch keine Künast, keinen Gauckler und schon garkeinen Özdemir und Co. Dieses ganze moslemliebende Gesocks sollte doch einfach hier nen Abflug machen. Wo bitte ist hier das Problem?? Haut doch einfach ab, ins Land von Allah. Damit wären alle zufrieden und glücklich. Jeder hat dann das, was er braucht und verdient. Wunderschönes Happy End, für ALLE. Was bitte kann es denn besseres geben??

In ihrer ersten Antwort auf meinen Strafantrag bestätigte die Polizei in Nordrhein-Westfalen, dass eine Anzeige wegen Volksverhetzung (der entsprechende Artikel 130 des Strafgesetzbuches) berechtigt ist:

Unter dem Namen »Sara E.« [Name gekürzt, Anm. R.K.] aus Köln werden auf dem Profil [...] zahlreiche Äußerungen verbreitet, die die Grenze der Meinungsfreiheit zur Formalbeleidigung und Verächtlichmachung

deutlich übersteigen dürften. Insbesondere
scheint auch eine Relevanz im Hinblick auf
§§ 90 ff., 130 StGB gegeben zu sein in einer
Aggressivität in einem Maß, das über die
»üblichen« rechtspopulistischen Äußerungen
deutlich hinausgeht.[95]

Dann aber folgte zu meiner Überraschung am 28. Dezember 2016 die Einstellung des Verfahrens. Mit folgender Begründung:

Sehr geehrte Frau Künast,
das aufgrund Ihrer vorbezeichneten
Strafanzeige bzw. Ihres Strafantrages
eingeleitete Ermittlungsverfahren habe ich
einstellen müssen, da Erfolg versprechende
Ermittlungsansätze zur Täteridentifizierung
nicht vorhanden sind.
Alle seitens der ermittelnden Kriminal-
polizei von hier aus getätigten Recherche-
maßnahmen im Internet sind ohne Ergebnis,
insbesondere ohne Erfolg hinsichtlich
der Klärung der Identität des Täters bzw.
der Täterin geblieben.
Weitere Auskünfte über zur Täteridenti-
fizierung geeignete Daten müssten, da die
in Rede stehende Internet-Plattform der
US-amerikanischen Firma »facebook« über
einen ebenfalls in den USA befindlichen
Server betrieben wird, über ein förmliches
Rechtshilfeersuchen von den dortigen

Behörden erbeten werden. Die Erledigung
eines solchen Ersuchens nimmt jedoch
erfahrungsgemäß mehrere Monate in Anspruch
und wird häufig – gerade in Fällen der
vorliegenden Art – ablehnend beschieden, da
derartige Äußerungsdelikte dort nicht unter
Strafe gestellt sind. Selbst wenn aber
die Behörden in den USA vorliegend die
technischen Daten, insbesondere die
sogenannte IP-Nummer des offenbar in
Deutschland tätigen unbekannten Täters
mitteilen würden, wäre ein derartiges
Ersuchen aber nicht Erfolg versprechend:
Derzeit halten im Bundesgebiet Anbieter von
Telekommunikationsdienstleistungen Daten
im Rahmen der Internetnutzung lediglich
wenige Tage bereit, so dass mit etwaigen
im Wege der Rechtshilfe erlangten Daten eine
Zuordnung und damit Täteridentifizierung
nicht mehr erfolgen könnte.

Es muss also gar nicht an Facebook liegen, wenn sich der Verfasser einer beleidigenden Botschaft nicht mit letzter Sicherheit ermitteln lässt. Über das E-Mail-Kontaktformular, auf das Bürgerinnen und Bürger von der Homepage des Deutschen Bundestages zugreifen können, hatte ich am 11. September 2016 folgende Mitteilung erhalten:

Bist du alte hässliche Krähe noch nicht abgedankt?
Deine saudoofen Twittersprüche werden nicht vergessen!

Jeder Polizist sollte auf dich spucken!
Verpiss dich, du alte hässliche Krähe!
PS. Und solche Intelligenzbestie war mal Ministerin –
armes Land.

Als Absender war im Formular der Name Andrea S. angegeben. Als Inhaber des DSL-Telefonanschlusses, von dem die Nachricht versendet wurde, ermittelten wir jedoch einen Hans M. Nachdem ich auch hier Strafanzeige und Strafantrag gestellt hatte, teilte mir die Staatsanwaltschaft Berlin am 28. Oktober 2016 in einem Brief mit:

Sehr geehrte Frau Künast,
das auf Ihre Strafanzeige vom 12. September
2016
gegen Hans M.
wegen Beleidigung
eingeleitete Ermittlungsverfahren habe
ich gemäß §170 Abs. 2 StOP eingestellt.
Dem Beschuldigten lässt sich eine Tat-
begehung nicht mit der für eine Anklage
erforderlichen Wahrscheinlichkeit
nachweisen. Der 78 Jahre alte Beschuldigte
hat glaubhaft angegeben, die verfahrens-
gegenständliche E-Mail nicht geschrieben
zu haben. Er verfüge selbst über keinen
internetfähigen Computer. Der Sohn des
Beschuldigten hat dies bestätigt und
darüber hinaus angegeben, dass er für seinen
Vater bei der Installation des DSL-Telefon-
anschlusses für den Besuch von Kindern,

Enkelkindern, Verwandten und Freunden ein
offenes WLAN geschaltet habe. Dieses sei
nach dem verfahrensgegenständlichen Vorfall
nunmehr durch ein Passwort gesichert.
Vor diesem Hintergrund kann nicht
ermittelt werden, wer für die Versendung
der E-Mail verantwortlich ist. Weitere,
erfolgversprechende Ermittlungsansätze
liegen nicht vor.
Mit freundlichen Grüßen,
xxx
Staatsanwalt

Die strafrechtliche Verfolgung von Hassbotschaften im Netz, das zeigen diese und viele weitere Beispiele, ist also voller Hürden. Nach meiner Erfahrung enden nur ungefähr zwanzig Prozent der Verfahren damit, dass eine Tat strafrechtlich sanktioniert wird. Was zum einen daran liegt, dass Täter im Netz oft nicht eindeutig ermittelt werden können, zum anderen daran, dass die Meinungsfreiheit sehr stark geschützt ist. Unterdessen sammeln sich Hunderte von Hate-Posts als Retweets oder Kommentare auf einer Webseite. Das geschieht quasi über Nacht, in kürzester Zeit. Angesichts dieser Geschwindigkeit wirkt alles, was wir in der analogen Welt tun, unverhältnismäßig schwerfällig. Die Strafverfolgung eines einzigen Posts dauert Monate, beschäftigt zahlreiche Personen, und der Schriftverkehr füllt mehrere Seiten, manchmal ganze Aktenordner. Steht der Aufwand, Online-Hater mit juristischen Mitteln zur Rechenschaft zu ziehen, da noch im Verhältnis zu der Flut von beleidigenden und diffamierenden Posts, die das Netz überschwemmen? Ich bin überzeugt, dass man Diffamierungen auch weiterhin strafrechtlich verfolgen sollte. Denn selbst wenn nur hin und wieder ein Täter zu einer Geldstrafe verurteilt wird, so senden wir damit doch mindestens das Signal, dass man sich als Online-Hater nicht in Sicherheit wiegen sollte.

Notice and Take Down

Die strafrechtliche Verfolgung von Hate-Posts ist aber nicht alles, was wir tun können. Das Telemediengesetz sieht vor, dass Onlinedienste rechtswidrige Inhalte von ihren Seiten entfernen müssen. Die entsprechenden Regelungen basieren auf der europäischen E-Commerce-Richtlinie aus dem Jahr 2000, die für den europäischen Binnenmarkt vereinheitlichte Transparenz- und Informationsregeln für die verschiedensten Unternehmen vorsieht.

Im Hinblick auf die Haftung für Inhalte wird dabei zwischen privilegierten und nicht privilegierten Unternehmen unterschieden. Privilegiert ist ein Unternehmen dann, wenn es Inhalte nur weiterleitet, aber nicht selbst produziert. Das bedeutet: Facebook und andere haften bisher nicht für Inhalte, sind aber verpflichtet, Rechtswidriges zu löschen. Inzwischen wird allerdings in der Bundesregierung sowie in Brüssel diskutiert: Sollte man Plattformen das Privileg der Nichthaftung weiter gewähren, wenn sie zwar nicht die Inhalte selbst, durch Algorithmen jedoch die Reihung von Inhalten beeinflussen? Indem Moment nämlich, in dem per Algorithmus Inhalte zusammengestellt werden, die auf den einzelnen Nutzer zugeschnitten sind (also: wer Verschwörungstheorien liebt, bekommt immer mehr Inhalte dieser Art, während andere Informationen ihm vorenthalten werden), nimmt das Unternehmen sehr wohl auch auf die Inhalte Einfluss.

Heute gilt das sogenannte Notice-and-Take-Down-Verfahren. Das heißt, das Unternehmen muss Hinweisen (notice) Dritter auf Rechtsverletzungen nachgehen und entsprechende Inhalte nach der Prüfung löschen (take down). Der Ausbau dieser Verfahren wird nun als Gegenmittel gegen die steigende Zahl von Hassbotschaften und Fake News immer stärker gefordert, und Facebook und andere Online-Anbieter beschäftigen – weil sie dazu verpflichtet sind – sogenannte »Löschdienste«, die rechtswidrige Inhalte von ihren Plattformen entfernen. Allerdings mit sehr unterschiedlichem Erfolg, was die anhaltende kritische Debatte erklärt.

Das Löschen von Hass-Kommentaren: ein harter Job

Ich habe mich lange gefragt, welche Wirkung all die Hasskommentare und Fake News auf mich, auf junge und alte Menschen, auf die Gesellschaft haben. Aus den Erfahrungen in meinem Büro und mit meinen Mitarbeitern weiß ich: Wenn man Posts und Tweets an die Staatsanwaltschaft weitergibt oder wenn Privatleute es sich zur Aufgabe machen zu antworten, dann bedeutet das immer: Es sind Menschen, die diese Fälle bearbeiten müssen, und die lässt das, was sie da zu sehen und zu lesen bekommen, nicht kalt. Deshalb habe ich mich auch gefragt, unter welchen Arbeitsbedingungen man Mitarbeitern von Onlinedienstleistern diese Aufgaben zumuten kann.

In Deutschland hat Facebook – nach vehementer öffentlicher Kritik – im Herbst 2015 die Firma Arvato beauftragt, Beiträge systematisch zu löschen. Allerdings legten sowohl Facebook als auch Arvato bisher großen Wert darauf, die Regeln, nach denen gelöscht wird, und die Arbeitsbedingungen der Mitarbeiter geheim zu halten. Das musste unter anderem Bundesjustizminister Heiko Maas erfahren, dem Arvato selbst auf Druck seiner Behörde hin keine Auskunft erteilte.[96] Auch zu meinen Aufgaben als Vorsitzende des Bundestagsausschusses für Recht und Verbraucherschutz gehört es, regelmäßig Unternehmen, Fabriken, Nichtregierungsorganisationen und Vereine zu besuchen. Daher habe ich ebenfalls etwa zwei Jahre lang versucht, einen Ortstermin bei Facebook in Berlin zu vereinbaren, und dann, als Arvato die Löscharbeit für Facebook aufnahm, auch dort angefragt. Auch ich bin bei Facebook und Arvato gescheitert. Immer wieder antwortete man mir ausweichend. Facebook schrieb mir, ich solle mich an Arvato wenden, bei Arvato verwies man mich an Facebook. Wie ich im März 2017 unter anderem dem MDR mitteilte,[97] entstand allmählich bei mir der Verdacht, dass Facebook und Arvato etwas zu verbergen haben. Transparenz, so erklärte ich auch dem *Spiegel,* sieht anders aus. Eine Firma, die nichts zu verbergen hat, öffnet die Türen ihrer Dienstleister. Ich habe mich gefragt: Was hat Facebook zu verstecken; warum wehrt das Unternehmen meinen Besuchswunsch beharrlich ab? Würde die Vielzahl von Hass- und Gewaltposts das Image des sozialen Netzwerks als moderne Kommunikationsplattform beschädigen? Oder das nicht ausreichend qualifizierte Personal?

Bereits im Dezember 2016 war ich auf einen Artikel im *SZ-Magazin* gestoßen, in dem die Autoren Till Krause und Hannes Grassegger von ihren Recherchen über die Arbeitsbedingungen bei Arvato berichteten.[98] Sie fanden heraus, dass circa sechshundert Leute in diesem psychisch sehr belastenden Job tätig sind. Allerdings gelang es auch den beiden Journalisten nicht, Arvato zu besuchen. Stattdessen nahmen sie informell Kontakt zu Mitarbeiterinnen und Mitarbeitern auf. Und obwohl es den Arvato-Angestellten verboten ist, mit Journalisten und Behörden zu sprechen, erklärten sich einige bereit, den *SZ-Magazin*-Autoren anonym über die Arbeitsverhältnisse im Facebook-Löschteam Auskunft zu geben.

Die Autoren berichten von schlechten Arbeitsverhältnissen, schweren psychischen Problemen, die durch das Sichten entsetzlicher Bilder von Folter, Mord oder Kindsmissbrauch hervorgerufen werden, und über fehlende professionelle Hilfe etwa durch Psychologen. Da heißt es unter anderem, es gebe so etwas wie eine Akkordvorgabe. Ein Mitarbeiter auf der untersten Hierarchiestufe müsse etwa zweitausend Beiträge pro Tag prüfen, für ein Gehalt, das nur knapp über dem Mindestlohn liegt. Sogenannte höher gestellte Mitarbeiter müssen unter anderem Videos begutachten – dabei dürfte es sich um Pornografie, sexuelle Gewalt, Enthauptungsvideos etc. handeln.

Mensch oder Maschine?

Im Artikel der beiden SZ-Autoren kommt ein Arvato-Mitarbeiter zu Wort, dessen Aussage mich besonders stutzig gemacht hat:

> *Die Regeln waren kaum zu verstehen. Ich habe meinem Teamleiter gesagt: Das gibt's doch nicht, das Bild ist total blutig und brutal, das sollte kein Mensch sehen müssen. Aber er meinte nur: Das ist deine Meinung. Aber du musst versuchen, so zu denken, wie Facebook es will. Wir sollten denken wie Maschinen.*[99]

Ich muss hier noch einmal kurz zu den Anfängen von Facebook zurückkehren. Es ist schon eine atemberaubende Geschichte: Da gründet ein Student in seinem Wohnheimzimmer eine Website, eine Art digitales Schwarzes Brett für die KommilitonInnen seiner Universität. Zehn Jahre später hat sich die Website zu einer globalen und kulturellen Macht entwickelt, die weltweit kaum ihresgleichen findet.[100] Zwei Milliarden Menschen nutzen Facebook jeden Monat, mehr als eine Milliarde nutzen es täglich. Damit ist Facebook die größte und einflussreichste Nachrichtenplattform der Welt. Kein US-amerikanischer oder europäischer Sender, keine Zeitschrift erreicht so viele Nutzer in so unterschiedlichen Regionen der Welt. Das ist das Fundament, auf dem Facebook schließlich sogar in der Politik zu einer mächtigen Mobilisierungskraft, einem Werkzeug wurde: in den USA, in vielen Ländern Europas und im Arabischen Frühling.

Wie der Autor des bereits zitierten Artikels im *New York Times Magazine* berichtet, verfolgt Facebook-Gründer Mark Zuckerberg nach eigenen Aussagen das Ziel, alle Menschen zu einer großen »Community« zu verbinden. Es klingt nach einem Menschheitstraum, dem »ewigen Frieden« des Philosophen Immanuel Kant, der seit der Aufklärung zum Ziel einer breiten Friedens- und Völkerrechtsbewegung wurde. Doch auch Zuckerberg muss inzwischen eingestehen, dass seine Maschine weltweit von Akteuren benutzt wird, die genau das Gegenteil bewirken wollen: Trumps Unterstützer und die europäischen Rechten wollen Grenzen schließen und Mauern bauen. Anstatt zu verbinden, schüren sie Hass und Paranoia, und selbst der IS nutzt die sozialen Netzwerke geschickt für seine Propaganda und zur Rekrutierung von Anhängern.[101]

Und hier wird es nun interessant. In seinen Gesprächen mit

den Journalisten des *New York Times Magazine* erklärt Zuckerberg, er wolle eine Nachrichtenwelt schaffen, in der die Informationen nicht etwa von Menschen, sondern von Maschinen bewertet und sortiert werden.[102] Darüber, was gut und was schlecht ist, soll die Crowd entscheiden, die Masse der Nutzer, die mit ihren Likes und Dislikes unaufhörlich ihren Willen zum Ausdruck bringen. Wenn die Maschine Probleme hervorbringt, so Zuckerberg, dann ist der Algorithmus eben noch nicht gut genug, dann muss die Maschine verbessert werden. Und Zuckerberg ist mit seinen Träumen nicht allein. Die Zukunftsvisionen vieler Akteure des Silicon Valley beruhen auf der Vorstellung, dass Maschinen früher oder später dasselbe können werden wie Menschen. »Künstliche Intelligenz« lautet das Schlagwort. Und nicht nur das: Vieles, so die Hoffnung der Informatiker, sollen Maschinen künftig sogar besser können.

Diese Idee von der Maschine, die keine Fehler macht, ist bei mir hängen geblieben. Deshalb bin ich überrascht, dass ein Arvato-Mitarbeiter berichtet: »Wir sollen denken wie Maschinen.«[103] Für einen Moment öffnet sich hier ein Fenster und erlaubt einen Blick darauf, was die Idee, »die Maschine« entscheiden zu lassen, konkret in der Praxis bedeutet.

Wie es gehen könnte

Den Gegenentwurf zur schönen neuen Welt der Algorithmen habe ich in Köln besichtigen können. Wie es der Zufall wollte, lernte ich auf einer Veranstaltung Alexander Rabe kennen. Er ist Mitglied der Geschäftsleitung von Eco in Köln, dem größten Verband der Internetwirtschaft in Europa. Mehr als tausend

Unternehmen sind bei Eco Mitglied. Der Verband betreibt ein Beratungszentrum, das Internetnutzern hilft, den Computer »von Botnetz-Schadprogrammen zu befreien und nachhaltig sicherer zu machen«.[104] Außerdem unterhält er eine Beschwerdestelle, bei der Internetnutzer rechtswidrige Inhalte melden können. *Eco* ist damit eine von drei Anlaufstellen in Deutschland, die sich für den Jugendmedienschutz in Onlinemedien engagieren – neben FSM («Freiwillige Selbstkontrolle Multimedia-Dienstanbieter«) und jugendschutz.net.[105] Der Fokus liegt auch bei Eco auf dem Jugendschutz. Im Jahr 2016 gingen rund dreitausendfünfhundert Beschwerden ein, von denen circa die Hälfte einschlägig, also strafrechtliche relevant waren. Dabei beobachtete man bei Eco einen Trend: Wie im Jahresbericht des Verbands von 2016 zu lesen ist, nehmen Fälle von Missbrauch und Hatespeech zu.

Mit Alexander Rabe von Eco sprach ich eingehend über Hatespeech, Fake News und die Gesetzesinitiative von Bundesjustizminister Maas. Ich hatte viele Fragen, auch darüber, wie die Beschwerdestelle mit den Mitarbeitern und den psychischen Folgen ihrer Arbeit umgeht, und so lud Rabe mich ein, mir die Arbeit doch einfach vor Ort anzusehen. Also bin ich am 3. April 2017 nach Köln gefahren.

Bei Eco wurden Standards gesetzt, um die Mitarbeiter der Beschwerdestelle zu schützen. Ein Team entwickelte sogenannte »Staff wellfare«-Regeln für das Wohl der Mitarbeiter, und zwar zunächst, indem schwierige Themen diskutiert und Abläufe anhand von Beispielen »durchgespielt« wurden. Die daraus abgeleiteten Regeln sehen vor, dass Mitarbeiter nur zweimal vier Stunden pro Woche stark belastendem Material und extremen Inhalten ausgesetzt sein dürfen. Die Mitarbeiter sitzen zu mehreren in einem Büro, sie können also miteinander sprechen, kriegen mit, wenn es einem von ihnen schlecht geht. Zudem beschäftigt jeder sich auch mit anderen Aufgaben im Unternehmen. Alexander Rabe und das Team, mit dem ich gesprochen habe, erklärten mir, ohne andere Aufgaben und ohne zeitliche Limits sei der Job auf Dauer nicht zu machen. Zusätzlich steht den Mitarbeitern die Möglichkeit psychologischer Unterstützung offen; dreimal im Jahr können sie ohne besondere Begründung eine Traumatologin aufsuchen, bei Bedarf auch häufiger. Dieses Angebot wird von den Mitarbeitern bisher allerdings gar nicht voll genutzt.

«Staff welfare«, das Wohl der Mitarbeiter, beginnt jedoch nicht erst bei den Arbeitsabläufen, sondern schon bei der Auswahl von Mitarbeitern. Daher bemüht man sich, Personen einzustellen, die sich aufgrund ihrer Ausbildung und ihres sozialen Umfelds den psychisch belastenden Aufgaben gewachsen fühlen. Zu den wichtigsten Einstellungskriterien gehören ein juristischer Abschluss und strafrechtliche Erfahrung. Der Worst Case, so die Überlegungen im Vorfeld, wäre eine pädophile Neigung bei einem Mitarbeiter. Deshalb wird bei Einstellungsgesprächen so weit wie möglich geprüft, ob der/die KandidatIn ein gefestigtes soziales Umfeld hat. Und schließlich führt Eco alle zwei Jahre eine Evaluation durch, um zu gewährleisten, dass durch die Arbeitsabläufe tatsächlich für das Wohl der Mitarbeiter gesorgt ist.

Abgesehen von der Betreuung der Mitarbeiter hat mich bei meinem Besuch natürlich auch interessiert, wie die Beschwerdeverfahren im Detail ablaufen und wie effektiv das System funktioniert. Diese Details sind in der sogenannten Beschwerdeordnung geregelt.

Bei meinen Gesprächen vor Ort habe ich erfahren, dass bei der Beschwerdestelle Anzeigen aus allen möglichen Ländern eingehen (in deutscher und englischer Sprache), darunter auch anonyme Meldungen. Eco erfüllt den selbst formulierten Anspruch, auf jede Beschwerde mit einer nicht automatisierten Rückmeldung zu reagieren und die Beschwerdeführer über Vorgehensweisen und Verfahren zu informieren. Erweisen sich angezeigte Inhalte als strafrechtlich nicht relevant, so verweisen die Mitarbeiter auf zivilrechtliche Möglichkeiten oder andere Stellen wie etwa das Seelsorgetelefon »Nummer gegen Kummer«.

Jeder Fall durchläuft eine juristische und technische Prüfung. Dabei wird unter anderem geklärt, ob eine Anzeige nach dem Weltrechtsgrundsatz verfolgt wird oder es einen deutschen Bezug gibt. Der Weltrechtsgrundsatz ist im deutschen Strafrecht in § 6 StGB geregelt. Er bezeichnet das Recht aller Staaten, unabhängig vom Tatort oder der Staatsangehörigkeit des Täters Straftaten zu verfolgen, die gegen übernationale Kulturwerte und Rechtsgüter begangen werden. Nach der juristischen und technischen Prüfung erfolgt gegebenenfalls eine Strafanzeige, außerdem eine Meldung an den Provider mit der Bitte um Löschung. In Deutschland erfolgt die Löschung in 100 Prozent der von Eco angezeigten Fälle. Weltweit liegt die Quote bei 78 Prozent. Hier haben Missbrauchsfälle die höchste Löschquote, da es sich um international geächtete Verbrechen handelt.

Die Beschwerdestelle von Eco hat, wie Mitarbeiter mir berichteten, einen guten Draht zur Staatsanwaltschaft Köln, mit der sie in vielen Fällen kooperiert und persönliche Treffen organisiert. Darüber hinaus passiert es häufig, dass Meldungen von der Landes- auf die Bundesebene, vor allem an das Bundeskriminalamt weitergeleitet werden. Ähnlich zufrieden ist man bei Eco mit der Zusammenarbeit mancher Online-Dienstleister. Bei Google und Facebook ist Eco »trusted flagger« und funktioniert damit wie eine Art Vorfilter. Anzeigen werden hier auf dem kurzen Dienstweg bearbeitet. Anders sieht es bei Twitter aus, hier kann auch Eco bisher nur den offiziellen Meldeweg gehen, der für jeden Nutzer gilt. Inzwischen schult Eco auch die Polizei und zeigt sich etwas verärgert über Behauptungen einiger Dienstleister, die Polizei stelle Anfragen nach der Identität eines Täters oder Accountinhabers oftmals rechtlich falsch (das wird der Polizei wohl vor allem von Facebook vorgeworfen). Der Verband kooperiert also mit den Staatsanwaltschaften, Online-Dienstleistern und der Polizei. Zudem wird die Annahme von Beschwerden mit den beiden anderen Beschwerdestellen (den Hotlines) bei FSM und jugendschutz.net koordiniert, vor allem dann, wenn Unterstützung gebraucht wird oder es zu krankheitsbedingten Ausfällen kommt.

Wenn die Staatsanwaltschaft Ermittlungen führt und Informationen über die wahre Identität des Inhabers eines Accounts nur außerhalb Deutschlands in Erfahrung bringen kann, greifen sogenannte Mutual Legal Assistance Treaties (MLAT), das sind internationale Rechtshilfeabkommen in Strafsachen. Solche internationalen Ermittlungen sind oft langwierig (und nicht immer erfolgreich); lediglich Google gibt die Daten von Tätern inzwischen freiwillig heraus, wenn entsprechende Formulare genutzt werden.

Der Weg von der Anzeige eines strafrechtlich relevanten Inhalts über die Prüfung bis hin zu seiner Löschung und einer juristischen Verfolgung ist aufwendig, das wird in den Gesprächen mit Mitarbeitern bei Eco noch einmal deutlich. Die Probleme beginnen bei der Prüfung, wenn Informationen fehlen, Beschwerden unvollständig sind und entsprechende Stellen oder Links gesucht werden müssen, zum Beispiel, wenn es um eine Stelle in einer Rede in einem YouTube-Video geht, die ohne

Zeitangabe gemeldet wird – in diesem Fall prüft der Bearbeiter das gesamte Material. Und natürlich müssen gelöschte Inhalte gespeichert und archiviert werden, meist per Screenshot, damit es für ein strafrechtliches Ermittlungsverfahren Beweise gibt.

Ich habe bei Eco eine von Menschen für Menschen gemachte Arbeitsumgebung erlebt, ein Vorbild, wie die Arbeit organisiert sein muss, damit die Löschung von Hass und Gewalt für alle Beteiligten erträglich durchgeführt werden kann. Zudem war für mich zu sehen, wie man bei Hasskommentaren und Missbrauch-Videos sensibel mit den Mitarbeitern umgehen kann und dass dieses eine hohe Qualifikation braucht, um einschätzen zu können, ob ein Post oder Tweet rechtswidrig ist. Wenn Beschwerdestellen wie Eco öffentlich agieren und mit Staatsanwaltschaften, Polizei und Online-Dienstleistern kooperieren, kann ein durchaus effektives System zur Löschung und gegebenenfalls Strafverfolgung von rechtswidrigen Inhalten im Netz entstehen. Mit diesen Erkenntnissen bin ich, durchaus beeindruckt, wieder nach Berlin zurückgefahren.

Neue gesetzliche Regelungen

Die bisherigen, der E-Commerce-Richtlinie der EU folgenden Regeln sehen vor, dass Unternehmen wie Facebook zur Löschung von rechtswidrigen Inhalten verpflichtet sind.

Als ich Eco in Köln besuchte, sprachen wir aus aktuellem Anlass auch über den Gesetzentwurf, den Bundesjustizminister Heiko Maas vorgelegt hat, um dem Phänomen Hatespeech zu begegnen. Das sogenannte »Netzwerkdurchsetzungsgesetz«, das pragmatisch auch als Facebook-Gesetz bezeichnet wird, soll nach bisherigen Plänen der Bundesregierung noch vor der Sommerpause 2017 vom Bundestag verabschiedet werden. Dieses Gesetz soll genauer als bisher regeln, was die Verpflichtung zur Löschung von Inhalten für Online-Dienstleister wie Facebook und YouTube bedeutet. Es schreibt ihnen vor, »offensichtlich rechtswidrige Inhalte« binnen 24 Stunden zu löschen. Gelten soll dies für Plattformen, die mehr als zwei Millionen Nutzer haben. Sind die Rechtsverstöße weniger offensichtlich, räumt das Gesetz eine Frist von sieben Tagen ein, um über die Löschung zu entscheiden. Anbieter, denen es nicht gelingt, entsprechende Löschverfahren organisatorisch einzurichten, müssen im äußersten Fall mit bis zu 50 Millionen Euro Bußgeld rechnen.

Das »Netzwerkdurchsetzungsgesetz« ist noch nicht verabschiedet. Doch selten hat ein Vorschlag so heftigen Gegenwind aus unterschiedlichsten Richtungen erfahren; Gegenwind vom Journalistenverband, vom Richterbund, von Rechtswissenschaftlern, natürlich uns Grünen und inzwischen sogar aus den eigenen Reihen der Regierung, von Union und SPD. Auch Alexander Rabe teilt als Mitglied der Geschäftsleitung von Eco die allgemeine Kritik an dem geplanten Gesetz. »Im Zweifel gegen die Meinungsfreiheit«, so Rabe, das sei das Motto über dem Gesetzentwurf des Bundesjustizministers.

Da dem Unternehmen hohe Bußgelder drohen, wenn es dieser Pflicht nicht nachkommt, befürchten viele, dass die Plattformen vorsichtshalber zu viel löschen. Hier rächt sich meines Erachtens, dass Bundesjustizminister Maas mögliche Regeln für die Löschung von Inhalten zunächst bei einem Round Table, in einer Art Exklusiv-Club diskutieren ließ. Wie mir verschiedene Teilnehmer dieses »Runden Tisches« später berichteten, waren die Gespräche eher unverbindlich. Wir, der Bundestag, waren als Gesetzgeber gar nicht eingebunden. Dann aber fühlte Maas sich zu Beginn des Jahres aufgrund der anhaltenden öffentlichen Kritik offenbar gezwungen, einen Gesetzentwurf vorzulegen. So kam es zu seinem Hauruckverfahren; das Gesetz wurde eilig zusammengezimmert. Eine solide Gesetzgebung, gerade in einer so grundsätzlichen Frage, die zudem noch weit in europäisches Recht hineinreicht, sieht anders aus.

Aber zurück zu den einzelnen Regelungen. Für die Plattformen ist die Frage, ob ein Inhalt offensichtlich rechtswidrig und damit zu löschen ist, ausgesprochen schwierig zu beantworten. Schon die ausführlichen Begründungen, mit denen die Staatsanwälte die von mir gestellten Strafanträge entschieden, zeigen, wie schwierig die Grenzen der vom Grundgesetz geschützten Meinungsfreiheit in der Praxis zu bestimmen sind. Was ist eine Beleidigung oder eine Volksverhetzung, was ist eine ärgerliche, aber auszuhaltende Schmähkritik oder gar als Satire unter den Begriff der Kunst zu fassen? Fast immer gibt es bei solchen juristischen Einschätzungen einen Interpretationsspielraum und einen Kontext– wäre das anders, würden wir im Vorfeld immer wissen, wie eine Anzeige ausgeht, zum Beispiel, wenn AfD-Politikerin Weidel sich gegen Satire im Fernsehen beschwert. Hinzu kommt: Solange solche Entscheidungen im Rahmen eines juristischen Verfahrens von Richtern gefällt werden, ist gewährleistet, dass ordentlich geprüft wird und beide Seiten gehört werden, der Täter und das Opfer. Außerdem bleibt die Frage offen, was passiert, wenn Inhalte gelöscht werden, die sich im Nachhinein als rechtlich zulässig erweisen. Für diesen Fall sieht der Gesetzentwurf von Maas keine Clearingstelle vor (eine Institution zur Schlichtung zwischen den Parteien), womit ein elementares Recht der Nutzer verletzt wird: die Meinungsfreiheit.

Man kann mit Blick auf den Vorschlag des Justizministers viele Fragen stellen: vor allem die nach einem erst sehr verschlossenen und dann extrem hektischen Verfahren. Darüber hinaus ist auch der Umgang mit den Bundesländern zu kritisieren (was ich in einer Rede vor dem Deutschen Bundestag am 19. Mai 2017 ausführlich getan habe): Der Jugendschutz und die Aufsicht über Telemediendienstleister liegen nicht beim Bund, sondern bei den Ländern, darauf weisen unter anderem die beiden Professoren Karl-Heinz Ladeur und Tobias Gostomzyk in einem Gutachten hin[106]. Warum also legt die Bundesregierung ein Gesetz vor, ohne die Zuständigkeiten zwischen Bund und Ländern entsprechend zu koordinieren und ohne die Interessen und Rechte der Betroffenen klar zu berücksichtigen? Das Gesetz bedeutet eine so grundsätzliche Weichenstellung, dass Transparenz, rechtliches Gehör aller Beteiligten und kreatives Nachdenken sinnvoll wären.

Gerade Facebook hat in der Vergangenheit bereits mehrfach bewiesen, dass es kein klares Verhältnis zur Meinungsfreiheit hat. Einerseits berufen sie sich auf die »freedom of speech«, um sich der Forderung zu entziehen, Löschverpflichtungen nachzukommen. Andererseits passt sich das Unternehmen an die landesüblichen Gepflogenheiten an und geht Komplikationen aus dem Weg. So sperrte Facebook auf Druck der russischen Regierung binnen kurzer Zeit eine Seite, auf der zu einer Demonstration für den oppositionellen Blogger und Putin-Kritiker Alexej Nawalny aufgerufen wurde[107]; in Thailand wurden dem Wunsch der königlichen Familie entsprechend kritische Inhalte gelöscht. Auch ist gerade bekannt geworden, dass Facebook die Leugnung des Holocaust nur in Ländern nicht duldet, in denen das Unternehmen befürchtet, wegen solcher Inhalte selbst verklagt zu werden.[108]

Facebook zeigt sich also in puncto Meinungsfreiheit äußerst flexibel. Der Gesetzentwurf von Bundesjustizminister Maas aber sieht vor, die primäre Verantwortung für die Beurteilung und Löschung rechtswidriger Inhalte ausgerechnet in die Hände privatwirtschaftlich organisierter Unternehmen, also in die Hände von Facebook und Co. zu legen. Gemeinsam mit den meisten Kritikern dieses Gesetzes glaube ich, dass das keine gute Lösung ist und dass die Rechtsdurchsetzung und die Definiton von Rechtswidrigkeit Sache des Staates sein und bleiben müssen. Die Meinungsfreiheit ist ein hohes Gut. Die Definition, wann sie anfängt und wie sie gegen den Schutzanspruch anderer abgewogen wird, muss vom Staat kommen. Das ist nicht die Aufgabe von Unternehmen.

Öffentliche, transparent organisierte Löschverfahren, von Online-Dienstleistern finanziert

Wieder einmal werde ich, während ich dies schreibe, von den Ereignissen eingeholt. Am 21. Mai 2017 berichtet der britische *Guardian* über Interna von Facebook, die von Unbekannten geleakt wurden.[109] Die Veröffentlichung dieser »Facebook-Leaks« setzt der Geheimniskrämerei vorläufig ein Ende. Die Regeln für die Löschung von Inhalten und die Arbeitsbedingungen der dafür verantwortlichen Mitarbeiter werden jetzt in der Presse öffentlich diskutiert.

Beim Blick hinter die Kulissen von Facebook und Arvato, den die jetzt veröffentlichten Dokumente gewähren, zeigt sich: Die gigantischen Datenmengen, die durch das Internet flirren, stellen nicht nur unser Rechtssystem vor Probleme. Auch die

Unternehmen geraten an ihre Grenzen. So heißt es zum Beispiel in einem der Facebook-internen Dokumente, in einer Woche gingen bei dem Unternehmen allein sechseinhalb Millionen Anzeigen über gefälschte Accounts ein. Sechseinhalb Millionen pro Woche! Dem stehen derzeit viertausendfünfhundert Mitarbeiter weltweit gegenüber. Und deren Hauptaufgabe besteht gar nicht darin, Accounts auf ihre Echtheit zu überprüfen,[110] da sie mehrheitlich damit beschäftigt sind, Hass und Gewalt zu löschen. Sollte die Tatsache, dass Facebook und Arvato so sehr darauf bedacht sind, hinter verschlossenen Türen zu agieren, am Ende darauf zurückzuführen sein, dass das Unternehmen schlicht überfordert ist?

Mark Zuckerberg spricht in Interviews von seiner Vision, die ganze Welt vernetzen zu wollen. Als seine Tochter Maxima im November 2015 zur Welt kam, teilten er und seine Frau der Öffentlichkeit voller Pathos mit, sie wollten künftig einen Großteil ihres Vermögens investieren, um die Welt zu einem besseren Ort zu machen. Gleichzeitig aber weigert sich Facebook, zur Verhinderung von Hatespeech und Gewaltvideos mit den öffentlichen Institutionen zu kooperieren. Bis heute (Stand vom Mai 2017) haben Facebook und Arvato keinem einzigen Journalisten oder Politiker Einblick gewährt. Nun, in einer Reaktion auf den Gesetzentwurf des Justizministers, die am 29. Mai 2017 durch die Presse ging, beschwert sich das Unternehmen über die Forderung, hoch qualifizierte Mitarbeiter zur Prüfung und Löschung rechtswidriger Inhalte einzustellen. Es fürchtet die Kosten, die eine adäquate juristische Schulung und die psychologische Betreuung von Mitarbeitern mit sich bringen würden. Es fürchtet diese Kosten bei einem Quartalsgewinn von 3,05 Milliarden Dollar im Jahr 2017.[111] Für mich klingt das ein bisschen nach Dr. Jekyll und Mr. Hyde. Die Welt, die Zuckerberg zu einer besseren machen will, liegt offenbar außerhalb jener Welt, in der sein Unternehmen vor allem an maximalen Gewinnen interessiert ist.

Die Stellungnahme zum deutschen Gesetzentwurf entlarvt Facebooks Interessen, und sie liefert eine weitere Bestätigung dafür, dass es prinzipiell richtig ist, den Umgang mit Hatespeech und Fake News gesetzlich klarer zu regeln. Auch wenn der konkret dazu vorliegende Gesetzentwurf von Heiko Maas zu kritisieren ist. Oder anders gesagt: Gerade darin liegt das Problem von Maas' Vorschlag: Dass er die Kontrolle aus der Hand des Staates mit lauter unbestimmten Rechtsbegriffen weitgehend in die der Unternehmen verlagern will. Ich finde gemeinsam mit vielen anderen, die Entscheidung darüber, was zulässig ist und was nicht, kann nur in einem öffentlich organisierten und transparenten Prozess mit klaren Definitionen fallen. Alles andere würde mehr schaden als helfen.

Schon der Vergleich zwischen Arvato und Eco ist aufschlussreich: Beim von Facebook beauftragten Löschdienst Arvato sind die Kriterien, nach denen gelöscht wird, für die Öffentlichkeit nicht transparent. Dem gegenüber stehen der offene, transparente Prozess und die enge Kooperation mit staatlichen Behörden bei Eco, mit denen die Beschwerdestelle vorführt, wie es gehen kann.

Gerade schreibe ich ausführlich über meinen Besuch bei Eco, Maas' Gesetzentwurf und die *Guardian-Leaks*, da erreicht mich Anfang Juni 2017 die Nachricht: Ich darf Arvato besuchen, nach zwei Jahren Wartezeit, voraussichtlich am 14. Juni 2017. Ist diese Kehrtwende eine Folge der Berichte, die im *Süddeutsche Zeitung Magazin* und nun überall in der Presse zu lesen sind? Ich weiß es nicht.

Endlich kann ich mir ein Bild von den Arbeitsbedingungen

bei Arvato machen und stelle erfreut fest, dass die öffentliche Debatte über den Umgang mit Hasskommentaren nicht spurlos an Facebook vorbeigegangen ist. Arvato hat inzwischen – spät, aber immerhin – mehr Mitarbeiter eingestellt (insgesamt sind es nun 650). Sie werden geschult und erhalten detaillierte Vorgaben für den Umgang mit sensiblen Inhalten. Und ähnlich wie bei Eco dürfen die Mitarbeiter sich nun nicht mehr länger als zwei Stunden am Tag mit schweren Fällen wie Kindesmissbrauch beschäftigen – bei Eco sind es sogar nur vier Stunden pro Woche. Schließlich hat man bei Arvato inzwischen auch dafür gesorgt, dass die Mitarbeiter eine psychologische Behandlung in Anspruch nehmen können.

Kritik und öffentliche Auseinandersetzungen wirken, das konnte ich bei meinem Besuch bei Arvato sehen. In meiner grundsätzlichen Einschätzung fühle ich mich jedoch eher bestärkt: Ich glaube, dass Unternehmen wie Facebook Beschwerde- und Löschstellen finanzieren müssen. Damit würde das milliardenschwere Unternehmen seiner gesellschaftlichen Verantwortung endlich gerecht. Denkbar wäre auch die Einrichtung einer Ombudsstelle. Auch hier müsste man darüber nachdenken, aus welchen Mitteln sie finanziert werden sollte. Natürlich müssten die Online-Dienstleister weit mehr investieren als bisher, um Qualitätsstandards zu gewährleisten, wie ich sie bei Eco vorgefunden habe – das genau fürchten sie ja. Und egal, wie man es macht: Es wird eine Herausforderung bleiben, rechtswidrige Inhalte möglichst schnell zu löschen – bei hohem Dokumentationsaufwand und den teilweise langen Reaktionszeiten der Anzuhörenden. Angesichts des riesigen Umsatzes von Online-Dienstleistern bin ich jedoch überzeugt, dass man ihnen die anfallenden Kosten zumuten kann.

Wie geht es weiter?

Als das Phänomen Hatespeech zu einem sichtbaren Problem wurde, haben die Plattformanbieter sich sehr unterschiedlich verhalten. Einige machten sich auf den Weg, gesellschaftliche Verantwortung zu übernehmen. Andere blockierten systematisch und versteckten sich hinter ihren Community Rules, um sich als globale Unternehmen gar nicht erst mit den unterschiedlichen nationalen Rechtsvorschriften auseinandersetzen zu müssen und diese möglichst zu umgehen. So haben die plötzlichen Vorschläge des Bundesjustizministers einen hitzigen Streit ausgelöst. Seit diese Debatten andauern, werde ich ein Gefühl nicht los: dass wir falsch diskutieren. Ich glaube, dass wir am Kern des Problems vorbeireden, wenn wir uns allein bei der Frage nach Bußgeldtatbeständen und Löschungsvorschriften aufhalten.

In all den Diskussionen, an denen ich teilhatte, habe ich mich gefragt, wo eigentlich der Knotenpunkt ist. So ging es mir auch in einer Veranstaltung mit hundertfünfzig Studenten an der Hochschule für Wirtschaft in Berlin zum Thema: »Das Netz voller Hass und Lügen?«, die zusammen mit Professor Niko Härting am 22. Mai 2017 stattfand. Auch da beschäftigte uns das hektische Gesetzgebungsverfahren von Minister Maas. Und wieder waren wir sehr schnell bei der Frage, ob wir das, was da an Hatespeech und Fake News auf uns zukommt, eigentlich richtig betrachten und diskutieren.

Manche Bemerkungen, die an Stammtischen vielleicht ähnlich fallen, sehen und hören wir im Offline-Alltag glücklicherweise gar nicht. Und vermutlich werden die allermeisten von ihnen nicht angezeigt oder von der Polizei wahrgenommen und verfolgt. Im Netz kommen sie plötzlich, als Mobbing und manchmal wie ein Tsunami, direkt auf uns zu, weil die Absender sich direkt an Personen wenden können. Ob das nun Flüchtlingshelfer sind, Jugendliche oder Politikerinnen – bei den meisten löst das massiven Druck aus.

Was wir angesichts dieser auf uns zukommenden Wellen nicht vergessen dürfen, ist die Einordnung in unser Rechtssystem. Das heißt als Erstes, zwischen strafbaren Aussagen auf der einen und rüder Kritik oder Schmähkritik auf der anderen Seite muss unterschieden werden. Über Letztere ärgern wir uns. Aber egal, ob es mein Kollege Volker Beck ist, der von Rechten herabgewürdigt wird, oder ob AfD-Politiker oder gar ausländische Autokraten wie Erdogan in einer Satire geschmäht werden – unsere Gesellschaft hat sich entschieden, die Meinungsfreiheit als hohes Gut zu respektieren und Schmähkritik oder Satire auszuhalten. Auch in der Offline-Welt. In ständiger Rechtsprechung hat das Bundesverfassungsgericht im Zweifel immer für die Meinungsfreiheit geurteilt, die es als konstitutiv für unser Zusammenleben ansieht. Sogenannte nicht offensichtlich rechtswidrige Straftaten sind ein weites Feld. Mir ist klar geworden, dass wir von Unternehmen nicht verlangen können, hier den Scharfrichter zu spielen, indem sie getippte oder gesprochene Sätze durch Löschen vermeintlich einfach aus der (digitalen) Welt schaffen. Daher habe ich in den letzten Jahren wiederholt den Satz gesagt: »Was analog gilt, muss auch digital gelten.« Nach all meinen Erlebnissen und nach vielen, teilweise sehr erregt geführten Diskussionen hat sich bei mir einiges sortiert: Mein Frust und meine Verunsicherung über all den Hass und inzwischen nachgewiesene Versuche der Zersetzung (durch Fake-Accounts, Microtargeting, Fake News) sollen nicht dazu führen, dass ich mein eigenes rechtliches Koordinatenkreuz und meine Werte aufgebe.

Die Mütter und Väter unseres Grundgesetzes haben sich ja gerade wegen der Erfahrungen aus der Zeit des Nationalsozialismus für starke Grundrechte entschieden. Für einen Rechtsstaat, der aus drei Gewalten besteht, und für Prozessregeln anstelle der uneinlösbaren Behauptung, man könne vor Gericht immer die reine Wahrheit herausfinden. Und sie haben sich für eine offene Gesellschaft und freie Diskussionen entschieden. Das Grundgesetz atmet den Geist dieser Offenheit, die es mit sich bringt, dass Demokratie und Rechtsstaatlichkeit nicht einfach gegeben sind, sondern täglich neu erkämpft werden müssen. Haben wir nicht alle früher Orte wie die Speakers Corner im Londoner Hyde Park begeistert besucht, beeindruckt von der freien Debattenkultur oder auch amüsiert von skurrilen Rednern?

Deshalb müssen wir in der Diskussion raus der Einbahnstraße. Und rein in die Differenzierung, die uns hilft, auf der einen Seite klare Straftatbestände zu erkennen, die mit strafrechtlichen Mitteln beantwortet werden müssen, auf der anderen Seite aber zu sehen, dass eine breite gesellschaftliche Arbeit notwendig ist. Denn das Strafrecht oder Bußgeldtatbestände sind nur die Ultima Ratio. Sie schaffen keine neuen Werte und Regeln, sie schaffen den Hass nicht ab, und sie können – das liegt in der Natur der Sache – immer erst auf eine Tat reagieren, die schon stattgefunden hat.

Es wäre zudem ein Fehler, würden wir uns in dem engen Kreis einer Debatte über Meinungsfreiheit verstricken. Was wir an Hass erleben, ob individuell oder strategisch organisiert, das ist mit dem Begriff Meinungsfreiheit nicht voll zu erfassen. Denn eine Vielzahl von Äußerungen im Netz dient ja gar nicht dazu, eine Meinung mitzuteilen.

Zerbrochene Fenster

Am 31. Mai 2017 lernte ich bei einer Veranstaltung, die sich »Policy Pop up #NetzDG« nannte, den Kriminologen Thomas-Gabriel Rüdiger von der Polizeihochschule Brandenburg kennen. Die Diskussion mit ihm hat mich an meine eigene Zeit als Sozialarbeiterin und Berliner Abgeordnete erinnert. Damals habe ich mich viel mit schwierigen Stadtteilen auseinandergesetzt, ebenso wie mit der Frage, auf welche Weise sich hier neue Strukturen entwickeln können, die für die dort lebenden Menschen von Respekt und Werten im Umgang miteinander geprägt sind.

Ich erinnerte mich, dass Ende der Neunzigerjahre in der Sozialarbeit und Soziologie die »Broken-Windows-Theorie« diskutiert wurde. Sie wurde 1982 von den beiden US-amerikanischen Sozialforschern James Q. Wilson und George L. Kelling entwickelt. Grundlage ist das Bild von der zerbrochenen Fensterscheibe, die sofort repariert werden muss, wenn man weitere Zerstörung, den Niedergang von ganzen Stadtvierteln und schwere Kriminalität verhindern will.

Insbesondere in den USA hatten sich Sozialforscher gefragt, wie Stadtteile entstehen, in denen Vandalismus, Körperverletzungen und Diebstähle zum akzeptierten Alltag gehören und in denen es offenbar keine Personen und Instanzen mehr gibt, die Normen vorgeben und Werte vorleben. Die Broken-Windows-Theorie erklärt den sozialen Niedergang damit, dass Schäden an Fahrzeugen, Häusern oder Parkbänken zu weiteren Überschreitungen von Normen anregen, ebenso wie Gewalttaten, die nicht geahndet werden. Es sind, so die Theorie, scheinbar harmlose Anfangsdelikte, die Störungen auslösen und dazu führen, dass der soziale Zusammenhalt eines Stadtteils brüchig wird. Ein harmloses zerbrochenes Fenster, das niemand repariert, leitet einen Zerfall ein, der sowohl auf weitere Objekte (Häuser, Parkbänke etc.) als auch auf das von Werten geleitete soziale Zusammenleben übergreift.

Die Antwort auf die entstandenen Probleme, die unter anderem zu einer hohen Zahl von Inhaftierungen führten, hieß in den USA »community policy« oder »community policing«. Es bildeten sich geradezu Schulen mit unterschiedlichen Ansätzen heraus, mit welchen Mitteln der Niedergang am besten zu bekämpfen sei. Die Städte San Diego und Chicago verbanden ihre Polizeiarbeit mit Sozialarbeit, Jugendarbeit und der Schaffung neuer Arbeitsplätze. In New York wurde Bürgermeister Rudolph Giuliani für seinen harten Kurs der »Zero Tolerance« weltweit bekannt: Zur Prävention von Kriminalität ging man schon gegen scheinbar harmlose Bagatelldelikte mit großer Härte vor.

1997 war ich mit Kollegen in New York. Dort haben wir uns nicht nur die harte Vorgehensweise des Bürgermeisterbüros angesehen, sondern auch ein sehr spannendes Gerichtsprojekt. Mitten in Manhattan stand damals seit vier Jahren der Midtown Community Court. Dieses Gerichtsgebäude war bewusst mitten in den Stadtteil gesetzt worden, mitten in seinen Zuständigkeitsbereich hinein. Ungewöhnlich war, dass das Gericht Probleme lösen sollte und sich zu diesem Zweck mit dem Jugendamt, dem Arbeitsamt und anderen Behörden unter einem Dach befand. Damit setzte die Stadt ein sichtbares Zeichen als Reaktion auf nicht normgemäßes Verhalten und Straftaten: Seht her, hier befindet sich eine Institution, die Fehlverhalten ahndet, in deren Gebäude aber gleichzeitig Unterstützung und Hilfe angeboten werden. Entscheidend war für die Behörden, für den einzelnen Bürger (und vor allem für Straftäter) sichtbar und ansprechbar zu sein. Dieses und andere Projekte beeindruckten uns damals, weil es die isolierte Vorgehensweise einzelner Ämter und Zuständigkeiten beendete und weil es sichtbar neue Möglichkeiten des Umgangs mit altbekannten Problemen aufzeigte. Ähnliche Ansätze sind später auch bei uns entstanden, beispielsweise das Quartiersmanagement in den Berliner Bezirken. Heute ist diese Art des gemeinsamen Handelns ein bewährter Standard: die Aktivierung der Bewohner eines Stadtteils, zusammen mit der Sozialarbeit, den Jobcentern und unter Anwesenheit der Polizei. Zerbrochene Fenster werden sofort als Problem wahrgenommen: Wer sich nicht dafür interessiert, wie gemeinschaftliche Strukturen und Wohnumfelder sich wandeln, kann massive Fehlentwicklungen erleben. Werte verfallen, wenn die Gesellschaft nicht den Willen zeigt, für ihre Einhaltung einzutreten.

Genau bei dieser US-amerikanischen Theorie aus den Achtzigerjahren landete ich nun in der Diskussion mit dem Kriminologen Thomas-Gabriel Rüdiger. In Fortführung der »Broken Windows« entwickelte er den Grundgedanken eines »Broken Web«. Für die nicht reparierten zerbrochenen Fenster stehen Kommunikationsdelikte im Netz, bei denen die Wahrscheinlichkeit, dass sie strafrechtlich verfolgt werden, extrem gering ist. In den riesigen Gebäuden von Facebook, Twitter, YouTube und sogar Online-Spielen wirken sie wie digitale zerbrochene Fenster:[112] Da auf Straftaten keine Reaktionen folgen, werden sie wiederholt. Es kommt zur regelmäßigen Überschreitung von Normen und Werten. Mit diesen Überlegungen animierte Rüdiger mich geradezu, noch deutlich häufiger Anzeige gegen Hatespeech zu erstatten.

Geringe Anzeigeraten und zu wenig Gegenrede: All das führt zu einem sich verstärkenden Kreislauf von Grenzverletzungen im Netz. So, wie die zerbrochenen Fensterscheiben im analogen

Leben zu weiterer Zerstörung führen, wenn auf sie keine Reaktion folgt, so nehmen Hass, Beleidigungen, Volksverhetzung und Mobbing in sozialen Netzwerken weiter zu, wenn die Täter nicht regelmäßig gesellschaftliche Reaktion und gegebenenfalls Sanktionen erfahren. Aber genau so, wie in den oben beschriebenen Community-Projekten nicht das Strafrecht allein hilft, wird uns die Bestrafung bei Delikten der Beleidigung und Volksverhetzung oder die Löschung offensichtlich rechtswidriger Inhalte durch die Provider allein nicht weiterhelfen. Es muss in der digitalen Welt sichtbare Reaktionen geben, wie sie auch im analogen Leben stattfinden. Damit setzt die Gesellschaft klare rote Linien. Das allein hilft jedoch nicht. Wir brauchen auch die anderen Institutionen und Interventionen, die zu einem guten Quartiersmanagement oder einem Midtown Community Court gehören. Reaktionen von staatlichen Institutionen und aus der Gesellschaft, aus der Nachbarschaft. Und das heißt für uns, dass wir ein ganzes Maßnahmenpaket schnüren müssen.

Damit bin ich an dem Punkt, der mich in den bisherigen Diskussionen gestört hat, denn die eigentliche Debatte müsste hier beginnen: Welche Initiativen reagieren erfolgreich im Netz? Wie bringen wir die Provider dazu, ihre Community Rules mit uns gemeinsam und öffentlich zu diskutieren? Wie können wir eine an den Menschenrechten orientierte gemeinsame Wertehaltung über die Grenzen von Nationalstaaten hinaus entwickeln? Wie kommen wir zu einer Vereinheitlichung des europäischen Rechts, damit wenigstens im Binnenmarkt die gleichen Regeln für die digitale Welt gelten? Anders kann es ja gar nicht gehen, da Twitter, Facebook, Google und YouTube weltweit aktiv sind und Milliarden Nutzer haben.

Ein anderer Umgang miteinander im Netz kann nicht allein Aufgabe von Polizei, Staatsanwälten und Gerichten sein, ebenso wenig wie es in der Verantwortung des Beschwerdemanagements von Providern liegen kann. Er ist Aufgabe von uns allen. Es ist Aufgabe der Eltern, ihren Kindern Werte zu vermitteln, die analog und digital gelten. Es ist Aufgabe der Schulen, denen wir dabei helfen müssen, analog wie digital einen Alltag zu organisieren, der frei von Rassismus und Diskriminierung ist. In den Schulen müssen wir die Bildungsanstrengungen im Bereich der Medienkompetenz intensivieren. Thomas-Gabriel Rüdiger nennt es »Verkehrsprävention« und meint damit den Umgang miteinander. Ich erinnere mich plötzlich daran, dass es das früher mal gab, als freitagabends in der ARD der kurze Film »Der 7. Sinn« lief. Offenbar brauchen wir so etwas heute wieder, auch im öffentlich-rechtlichen Rundfunk, einen »siebten Sinn«, der uns jedoch nicht an die Regeln für den sicheren Straßenverkehr erinnert, sondern daran, dass die Grundregeln des Anstands und Respekts für ein sichereres Internet ebenso wie ein sicheres analoges Leben wichtig sind – für uns alle und insbesondere für Kinder und Jugendliche.

In der Schule

Wir brauchen zivilgesellschaftliches Engagement, Prävention und Bildungsarbeit, und hierzu gehört die Stärkung der Medienkompetenz. Die Grünen haben dazu bereits einen Antrag gestellt. Wie Bildungs- und Präventionsarbeit aussehen kann, davon versuche ich mir bei Ortsterminen ein Bild zu machen. Denn inzwischen gibt es zahlreiche private und öffentliche Initiativen, die sich gegen den Hass im Netz richten. So wie die Initiative #NichtEgal, die vor einigen Monaten von YouTube in einer Partnerschaft mit der Bundeszentrale für politische Bildung, der Freiwilligen Selbstkontrolle Multimedia Diensteanbieter e. V. und der Frankfurter Initiative *Digitale Helden* gestartet wurde. Mit ihrem Einsatz für mehr Toleranz und Respekt im Netz hat die Initiative bereits einige Resonanz erfahren. Als sie einen Workshop für Schulen ausschrieb, machten viele weitere YouTuber mit.

Es mag sich merkwürdig anhören, aber einen meiner schönsten Termine in Sachen Hass, Hatespeech und Mobbing erlebte ich am 1. März 2017 in der Friedrich-Bergius-Schule in Berlin. Diese integrierte Sekundarschule in Berlin Schöneberg hatte sich für die Teilnahme am Wettbewerb für den Workshop von #NichtEgal beworben.

Am 1. März fand ein bundesweiter Aktionstag in Schulen statt. Der ganze Tag drehte sich um das Thema Hass im Netz. Die Schülerinnen und Schüler beschäftigten sich mit Zivilcourage und Engagement, sammelten Ideen und erhielten schließlich die Aufgabe, selbst eine Videobotschaft gegen Hass im Netz zu drehen. Nachdem vormittags die Videos erstellt worden waren, lud man mich nachmittags für ein Gespräch ein. Wir hatten Zeit, uns über Hatespeech, Hass und seine Wirkung zu unterhalten. Ich erzählte davon, wie Politikerinnen und Politiker mit Hass konfrontiert werden. Wie wir damit umgehen und welche Sorgen ich mir mache, weil der Hass im Netz unsere Gesellschaft verändert. Und ich war wirklich gespannt zu erfahren, was die Schüler erleben und wie sie ihre Erfahrungen in Videos darstellen.

Im Klassenraum saßen verschiedene Altersgruppen, wobei die Älteren die Jüngeren an die Hand genommen hatten, um das Projekt praktisch umzusetzen. Wie stellt man Hass im Netz in einem Film dar? Das war eine Herausforderung, zumal die

Schülerinnen und Schüler dabei auch noch als Schauspielerinnen und Schauspieler auftreten mussten. Stolz und etwas aufgeregt präsentierte eine Gruppe nach der anderen ihr Video.

Ein wenig überrascht war ich, dass die meisten Videos dieselbe Szene zeigten: den Diebstahl eines Handys, das kurze Zögern, sich ein Herz zu fassen; dann zu intervenieren und der betroffenen Person zu helfen oder eine Situation zu deeskalieren. Eine Erfahrung mit Gewalt in der analogen Welt und offenbar etwas, was die Schülerinnen und Schüler in ihrem Alltag oft erleben. Zum Abschluss der Arbeit, die in kleinen Gruppen stattfand, produzierten die Schülerinnen und Schüler ein weiteres Video, in dem sie mich zum Thema interviewten.

Besonders aufregend war für sie, dass Younes Al-Amayra vom Kanal »Datteltäter« an der Veranstaltung teilnahm. Während ich diesen YouTuber vorher gar nicht gekannt hatte, hob seine Anwesenheit für die meisten Schülerinnen und Schüler den Coolness-Faktor der Veranstaltung enorm.

Als Erstes wurde Younes gebeten, den Namen »Datteltäter« zu erklären. So lernte auch ich, dass eine Gruppe junger Berlinerinnen und Berliner bei YouTube eine Art »Satire-Kalifat« eingerichtet hatte. Ich fühlte mich an mein Hate-Tool erinnert, mit dem ich versucht hatte, ironisch auf den Hass und die systematischen Anfeindungen bei Facebook zu reagieren. Auch der »Datteltäter« ist eine ironische Wortschöpfung, zusammengesetzt aus dem Vorurteil, alle Muslime seien potenzielle Täter, sowie der besonderen Bedeutung der Dattel als erstes Lebensmittel, das beim Fastenbrechen gegessen wird. Vor ungefähr zwei Jahren gründeten die Datteltäter ihren Kanal, und sie sind für mich ein wunderbares Vorbild dafür, wie man Vorurteile mit Humor auf die Schippe nehmen kann.

Als ich in die Gesichter der Schülerinnen und Schüler schaute, stellte ich fest, dass sie sich nicht nur für die Satire interessierten, die in Namen und Gruppierungen wie den Datteltätern oder ihrem »Empörium« steckt. Es begeisterte sie auch zu sehen, wie junge Menschen, die so wie viele von ihnen einen muslimischen Hintergrund haben, in der Netzwelt zu Prominenz und Anerkennung gelangen. Diese jungen Leute haben etwas richtig Tolles angepackt, und das wird bewundert. Das Team von Datteltäter setzt sich aus Frauen und Männern, Muslimen und einem Christen zusammen. Viele Schülerinnen und Schüler schauen mit leuchtenden Augen auf solche Vorbilder. Sie bewundern Younes und die Aktivitäten seiner Gruppe, und ich glaube, sie stellen sich vor, später mal auf ähnliche Art und Weise ihr Geld zu verdienen. Von solchen Träumen allerdings holte Younes sie ein wenig auf den Boden der Tatsachen zurück.

Am Ende des Aktionstags sind wir alle zusammen in die Aula gegangen, voll gepackt mit Schülerinnen und Schülern, die Spaß an diesem ungewöhnlichen Unterrichtstag hatten. Es herrschte Unruhe im Saal, man merkte, dass die Konzentration allmählich nachließ. Doch auch hier waren sie bei der Sache, weil sie Hass und Mobbing aus ihrer eigenen Erfahrungswelt kannten – leider. In beiden Welten, der digitalen und der analogen. Bei einer Schülerin hatte ich das Gefühl, sie sprach von sich selbst, als sie ihre Erzählung eines Mobbing-Vorfalls mit den Worten einleitete: »Ich hatte mal eine Freundin, die hat Folgendes erlebt ...«

Noch etwas habe ich während dieser letzten Abschlussrunde in der Aula gelernt: Viele Schülerinnen und Schüler reagieren mit Schuldgefühlen, wenn sie mit Hass konfrontiert werden. Sie suchen den Fehler bei sich selbst, anstatt zu erkennen, dass jemand ihnen gegenüber die Regeln des Anstands und des Respekts verletzt. Ich habe deshalb versucht, ihnen in dem Video, das sie mit mir gedreht haben, eines besonders deutlich zu sagen: Am besten fragt ihr euch: »Wie wollt ihr, dass man mit euch umgeht?« Respektvoll natürlich. Also fordert es von anderen ein und haltet euch auch selbst daran.

Nach dem Aktionstag an dieser Schule in Berlin Schöneberg bin ich überzeugt, dass die Sensibilisierung von Schülerinnen und Schülern auch im täglichen Unterricht stattfinden muss. Denn wenn wir unseren Kindern beibringen, respektvoll miteinander umzugehen, werden sie später als Erwachsene eher auf die Einhaltung von Werten pochen. Wir müssen deutlich machen, dass es hier um mehr als Fragen der Sprache und des Tons geht, weil Hass und Gewalt eine wirkliche Bedrohung für unsere Gesellschaft darstellen.

Hatespeech trifft besonders häufig Frauen

Wenn Respekt und Anstand im Umgang miteinander verloren gehen, dann nehmen gerade die Diffamierungen und Gewalt gegenüber Frauen zu. Daran wird vielleicht mehr als in allem anderen deutlich, dass das, was wir gerade erleben, so etwas wie einen zivilisatorischen Rückschritt darstellt.

Am 14. März 2017 traf ich mich im Goldenen Saal des Rathauses Schöneberg zu einer Diskussionsrunde mit Teilnehmerinnen, die den Blick besonders auf Hass-Posts und Hatespeech gegen Frauen richten. Unter ihnen waren Christina Dinar von der Amadeu Antonio Stiftung, die das Projekt »debate« (früher no-nazi.net) betreibt. Sie koordiniert Projekte zusammen mit den Betreiberfirmen der sozialen Netzwerke, um eine Sensibilisierung gegenüber Hass zu erreichen und eine Art digitales Hausrecht gegen rechtsextreme Inhalte durchzusetzen.

Vom Deutschen Juristinnenbund war Professor Dr. Maria Wersig dabei, die an der Fachhochschule Dortmund lehrt.

Nicht zu vergessen Anne Wizorek, Aktivistin und Bloggerin, die als Initiatorin des Twitterhashtags #Aufschrei bekannt wurde. Nach den Vorfällen der Silvesternacht in Köln hatte sie mit #Aufschrei und mit dem Hashtag #Ausnahmslos im Januar 2016 eine Debatte über sexualisierte Gewalt und Rassismus initiiert.

»Im Netz halten sich viele weiße männliche Nerds auf.« Dieser Satz von Anne Wizorek stand über der Debatte, bei der alle drei Diskutantinnen bestätigten, dass Frauen im Netz besonders stark von Hass und Herabwürdigung, abfälligen Bemerkungen über ihr Äußeres und sexuell diskriminierenden Äußerungen betroffen sind. Uns fielen zahlreiche prominente Beispiele wie die Journalistin Dunja Hayali ein. Und wir erleben es als Frauen selbst. Oft erreichen Frauen abwertende Posts und Tweets, die sexuelle Gewalt beinhalten oder persönlich sehr abwertend sein sollen.

Wir kamen überein, dass vor allem ein Mangel an einer guten Infrastruktur von Beratungsstellen besteht. Frauen werden immer noch alleingelassen. Beratungsstellen funktionieren zum Großteil noch analog, auch wenn das Bundesfrauenministerium gerade beginnt, sich der Aufgabe zu stellen.

Frau Wersig blickte auf das Antidiskriminierungsgesetz und das Gleichstellungsgesetz und beklagte, dass sich immer noch die Einzelne wehren müsse, dass es kein gutes Verbandsklagerecht gebe. Dafür regte sie eine gesetzliche Regelung an. Sie wies darauf hin, dass die »Belästigung im Netz« rechtlich noch gar nicht ausreichend erfasst sei. Provider müssten wie Arbeitgeber die Pflicht haben, für ein Umfeld zu sorgen, in dem die Frauen nicht belästigt werden. Und nicht zuletzt wies Christina Dinar darauf hin, dass »Medienkompetenz« in der Bildung immer noch zu wenig präsent sei.

Eines wurde in unserer Runde klar: Die Verletzung, die Frauen erleben, ist real. Wir müssen deshalb lernen, nicht nur über Rechte der Frauen in den klassischen Medien und in der analogen Welt zu reden, sondern uns, auch im Rahmen von Gender Studies, verstärkt mit den Ereignissen im Netz zu befassen.

Wir müssen Öffentlichkeit schaffen, das war das Credo unserer Runde und des vorwiegend weiblichen Publikums. Es braucht ein gesellschaftliches Bewusstsein, das so ziemlich das Gegenteil der inzwischen beliebten Diskreditierung der politischen Korrektheit ist. Der Schutz von Frauen und der Respekt ihnen gegenüber sind zwei von vielen Gründen, die Angriffe auf die politische Korrektheit nicht zu akzeptieren.

Hass ist gefährlich

»Hate Crime in Portland«, titelte *Spiegel Online* am 28. Mai 2017, um über ein Gewaltverbrechen im US-amerikanischen Staat Oregon zu berichten. Ein Mann hatte in einer Stadtbahn muslimische Teenagerinnen rassistisch beleidigt. Als ihnen mehrere Männer zu Hilfe kamen, erstach er zwei von ihnen mit einem Messer, ein dritter wurde schwer verletzt. Schon der Untertitel des *Spiegel*-Artikels: »Brutale Worte, brutale Taten« macht deutlich, dass viele (nicht nur der *Spiegel*) die Gewalttat als unmittelbare Folge des Hasses im Netz interpretieren.

Und Meldungen dieser Art häufen sich. Als die britische

Abgeordnete Jo Cox im Juni 2016 in der medialen Schlacht um den Brexit von einem Mann auf offener Straße mit dem Messer getötet wurde, hielten viele, auch britische Medien, die Tat für eine Folge des Wahlkampfes um das Referendum zum EU-Austritt – eines Wahlkampfes, der emotional und hasserfüllt geführt wurde.

Wir erleben einen verbalen Furor, eine Dauererregung, die sich vom Internet auf die öffentlichen Debatten in Online-, Print- und Funkmedien übertragen hat. Nicht nur das geologische Klima wandelt sich, sondern auch das soziale: Die Temperatur in der Gesellschaft steigt, wie Peter Strohschneider, Präsident der Deutschen Forschungsgemeinschaft, in der *Süddeutschen Zeitung* unlängst feststellte.[113] Und wir erleben die ersten Folgen dieses sozialen Klimawandels: Dem Hass im Netz folgen Straftaten in der physischen Welt, denen Menschen zum Opfer fallen. Deshalb glaube ich, dass wir Polizei und Staatsanwaltschaft stärken müssen – moralisch und finanziell –, um Straftaten konsequent zu verfolgen. Allerdings sollten wir dabei nicht unsere Prinzipien über Bord werfen, wie es leider oft geschieht, wenn es um Sicherheitsfragen geht. Wir sollten Facebook und Co. finanziell zur Verantwortung ziehen, wir sollten sie aber nicht zu staatlich sanktionierten Zensurbehörden machen.

Darüber hinaus glaube ich, dass wir differenzieren müssen, denn Rechtspopulismus ist nicht gleich Rechtspopulismus. Hinter dem Hass im Netz stehen Menschen, die wir aufgrund ihrer Motive unterscheiden können. Wie ich bereits oben ausgeführt habe, besteht die eine Gruppierung für mich aus jenen, die ich die »von der Globalisierung Irritierten« genannt habe. Menschen, die im Internet ihrem Frust über bestimmte Dinge Luft machen – sei es aus Angst vor einer globalisierten Zukunft, die sie nicht mehr verstehen, sei es aus Ärger über Politiker, von denen sie sich nicht gehört fühlen. Zur zweiten Gruppe gehören die Aktivisten verschiedener rechtsextremer Bewegungen. Die einen haben die Orientierung verloren, die anderen nutzen das aus, um ihre politischen Ziele zu verwirklichen: die Spaltung der Gesellschaft und die Abschaffung der Demokratie. Ich glaube, dass wir diesen beiden Gruppen von Hatern mit unterschiedlichen Mitteln begegnen müssen.

Rechtsradikal nennen, was rechtsradikal ist

Wir dürfen rechtsextreme Agitation nicht verharmlosen. Verleumdungen und Fake News sind keine Bagatellen, sie sind gefährlich. Ein drastisches Beispiel war das Gerücht, Hillary Clinton, demokratische Kandidatin im US-Präsidentschaftswahlkampf, sei die Chefin eines Kinder-Pornorings, der seine geheime Zentrale in einer Pizzeria in Washington betreibe. Die Geschichte ist natürlich völlig absurd. Doch zu denen, die sie über Twitter verbreiteten, gehörte Michael Flynn, ein Mann aus dem Wahlkampfteam des amtierenden US-Präsidenten. Das bedeutet, dass Verschwörungstheoretiker nicht mehr nur irgendwelche »Spinner« am Rande der Gesellschaft sind, die wir kaum wahrnehmen. Im Jahr 2016 haben Rechtspopulisten, die mit Rechtsextremen verbandelt sind, in den USA das Zentrum der Macht erobert. Wenn aber sogar ein Mann aus Regierungskreisen absurde Gerüchte verbreitet – wen wundert es da, dass ein Mann, der die Geschichte über Hillary Clinton glaubte, die Pizzeria mit Waffen überfiel. Dass in diesem Fall niemand verletzt wurde, war pures Glück. Der Mann schoss mindestens ein Mal, konnte aber von der Polizei überwältigt werden.

Nicht ganz so spektakulär, aber mindestens so gefährlich ist die Hetze gegen Flüchtlinge, denn auch hier folgen auf Hass und Gerüchte im Netz immer häufiger Gewalttaten. Flüchtlingsheime werden angezündet, auf den Straßen werden rassistische Überfälle verübt. Diese Entwicklung schadet unserer Gesellschaft doppelt: Zum einen, weil es untragbar ist, dass Menschen, die bei uns Schutz suchen, sich ihres Lebens hier nicht sicher fühlen können. Zum anderen, weil neben den Flüchtlingen auch Ehrenamtliche und Politiker bedroht und angegriffen werden. Das aber führt in manchen ländlichen Regionen bereits dazu, dass Menschen sich von ihrem Engagement zurückziehen. Das ist von den Tätern natürlich beabsichtigt. Die Engagierten brauchen viel mehr Schutz und Unterstützung – von der Politik, von offiziellen Stellen und von der »schweigenden Mehrheit«.

Wenn Menschen diffamiert und beleidigt werden, wenn sie geschlagen und ihre Heime angezündet werden – wie können wir da defensiv und nachgiebig sein? Ich glaube, angesichts dieser Zustände ist jede Verharmlosung gefährlich. Das fängt damit an, dass manche Journalisten Verständnis für die Behauptung zeigen, die »politische Korrektheit« wirke wie ein Verbot gegen die Meinungsfreiheit. Stattdessen sollten wir deutlich sagen: Hinter dem Versuch, die politische Korrektheit zu diskreditieren, verbirgt sich die Strategie von Rechtsradikalen, Grundwerte wie die Unantastbarkeit der Würde, die Gleichheit aller, die Religionsfreiheit und die Anti-Diskriminierungs-Politik infrage zu stellen. Wir sollten daran erinnern, dass wir uns die Tabus, die Rechtsextreme angreifen, aus gutem Grund selbst gesetzt haben – dazu gehört auch die politische Korrektheit.

Man muss nicht für jeden Tabubruch Verständnis haben nur um des Tabubruchs willen, im Gegenteil, ich glaube, wir dürfen uns von solchen Strategien nicht aufs Glatteis führen lassen. Die organisierten Rechtsradikalen wollen das Land in einen Staat verwandeln, der nicht auf dieselben Prämissen gebaut ist wie die Bundesrepublik heute. Sie wollen unsere freiheitliche Grundordnung abschaffen. Deshalb müssen wir unterscheiden zwischen Provokationen Einzelner und systematischen Tabubrüchen, die eindeutig demokratiefeindlichen politischen Zielen dienen.

Wir dürfen uns von der Rhetorik der AfD nicht nach rechts treiben lassen. Wir dürfen nicht zulassen, dass Diskurse weit nach rechts verschoben werden. Deshalb müssen wir rechtsradikal nennen, was rechtsradikal ist. Wenn die AfD Vokabeln aus der Zeit des Nationalsozialismus verwendet – wie beispielsweise »Lügenpresse« oder das Adjektiv »völkisch« –, dann bestätigt die Partei damit Einschätzungen wie die des Soziologen Matthias Quent, der sagt: Die AfD ist in Teilen rechtsextrem. Der Sprachwissenschaftler Anatol Stefanowitsch erklärte in einem Interview vom 3. März 2017 mit der *Süddeutschen Zeitung,* warum es falsch ist, die AfD als »rechtspopulistisch« zu verharmlosen:

Medien haben oft die Tendenz, die Selbstbeschreibung von Organisationen zu übernehmen. Wenn eine Partei sagt »Wir sind nicht rechtsradikal«, tun sie sich schwerer damit, sie rechtsradikal zu nennen. Diese Tendenz ist nicht grundsätzlich zu verdammen, kann aber problematisch werden. Wenn man sagt, die AfD ist rechtspopulistisch, tut man so, als ob der Populismus das kennzeichnende Merkmal wäre. Das kennzeichnende Merk-

mal dürfte aber eher dieses Bündel aus nationalem Chauvinismus, Rassismus und Sexismus sein, das rechtsextreme Ideologien kennzeichnet.[114]

Wir müssen hartnäckig gegen Irrtümer anreden: Die AfD vertritt nicht »das Volk«, sondern allenfalls zehn bis fünfzehn, in manchen ostdeutschen Bundesländern zwanzig Prozent des Volkes. Das ist schlimm genug, aber es ist eine Minderheit.[115] Und ebenso kümmern sich Rechtsextreme nicht ehrenvoll um die »berechtigten Sorgen« dieses »Volkes«, das müssen wir immer wieder deutlich sagen. Wir müssen ihre Strategien, die Gesellschaft zu schwächen, überall und immer wieder entlarven. Je geschickter sie Falschmeldungen fingieren, desto wichtiger ist die Aufklärung darüber, wie man Tatsachen von Fake News unterscheidet. Initiativen wie die Webseite *Hoax Map – Neues aus der Gerüchteküche* tragen dazu bei. Auf hoaxmap.org, einer von der Leipziger Ethnologin Karoline Schwarz gegründeten Seite, werden Falschmeldungen wie auf einer Karte verzeichnet und mit Ursprung und Bezugsort aufgelöst.

Wir kämpfen für die Durchsetzung der unabdingbaren Menschenrechte auf der ganzen Welt. Im Moment aber reicht das nicht mehr, im Moment müssen wir sie auch dort, wo sie bereits gelten, verteidigen. Dazu braucht es endlich wieder einen Aufstand der Anständigen: gegen die Spaltung der Gesellschaft, für die Menschenrechte und für unsere demokratischen Prinzipien. Ich bin Verfassungspatriotin, ich bin stolz, dass dieses Land seit 1949 den Grundsatz verwirklicht und verinnerlicht hat: Die Würde jedes Einzelnen ist stets und immer zu wahren. Das dürfen wir uns nicht von Rechtsradikalen entwerten lassen.

Wir müssen reden

Der Erfolg der Rechtsextremen und die allgemeine digitale Erhitzung haben das Potenzial, die Grundlagen unseres Miteinanders infrage zu stellen. Denn der Mangel an Respekt, Würde und demokratischem Umgang bewegt sich nicht nur in den Grenzen der digitalen Welt, er verändert auch die analoge Welt. Die digitalen Medien ermöglichen es den Rechtsextremen, ihre Propaganda um ein Vielfaches zu verstärken. Andererseits profitieren sie davon, dass viele von der Globalisierung Irritierte nicht mehr wissen, was sie glauben sollen.

»Kümmert sich auch mal jemand um uns?« Die Kritik ist in vielerlei Hinsicht nachvollziehbar und berechtigt. Nach meinen Hausbesuchen habe ich mich noch intensiver auf Gespräche mit möglichst vielen Menschen eingelassen. Ich versuche, genauer hinzusehen, mein Denken und Nachdenken zu verändern, die Perspektive zu öffnen. Der persönliche Kontakt in Gesprächen löst manche Fragen und Vorurteile auf und bringt zugleich neue Fragen. Zusammenhänge werden sichtbar, Motive klarer. Aus vielen persönlichen Begegnungen auf Veranstaltungen, bei Schul- und Firmenbesuchen nehme ich eine Erkenntnis mit, die mich zuversichtlich macht: Gespräche außerhalb der Filterblase helfen allen. Emotionen und Aufregung können sich in Interesse füreinander verwandeln.

Ich kann gut verstehen, dass Menschen sich angesichts der Nachrichten aus aller Welt, die täglich auf sie einströmen, fragen, ob sich eigentlich noch irgendjemand um ihre Alltagssorgen Gedanken macht. Dass sie sich fragen, warum in den Schulen ein Sanierungsstau herrscht und nicht mal Geld für Toilettenpapier vorhanden ist. Während andernorts der Reichtum unermesslich wächst.

Die Reaktionen auf solche Probleme fallen sehr unterschiedlich aus. Da sind zum einen engagierte Menschen, die angesichts globaler Entwicklungen kritisch fragen und sich gezielt informieren: über die Arbeiterinnen und Arbeiter in der Textilindustrie Asiens oder auf den spanischen Gemüseplantagen, über die Lebens- und Arbeitsbedingungen von Fischern oder den Näherinnen in Prato (Italien); darüber, welche Märkte im Süden durch hoch subventionierte Fleischexporte des Nordens zerstört werden. Menschen, die gegen den internationalen Finanzkapitalismus und Handelsabkommen wie TTiP kämpfen, um stattdessen faire internationale Handels- und Produktionsbedingungen einzufordern.

Andere aber reagieren auf die Herausforderungen nur noch mit Hass und Aggression, wenden sich gegen Toleranz und Offenheit, gegen demokratische Strukturen und Prinzipien. Finden wir also erst mal heraus, wer eine manifeste rechtsextreme Einstellung hat und wer einfach nur verunsichert ist, sich von der Komplexität globaler und internationaler Zusammenhänge überfordert fühlt, sich Sorgen um sein Leben macht.

Letztlich läuft alles auf eine einzige Forderung hinaus: Wir müssen reden. Wer das ernsthaft tun will, muss offen sein und die Bereitschaft aufbringen, tatsächlich etwas herauszufinden. Er muss bereit sein, sich selbst zu hinterfragen, möglicherweise sogar zu verändern. Dialog bedeutet, dass wir darüber nachdenken müssen: Was ist an unserer Politik möglicherweise falsch? Was ist an der Art und Weise der Globalisierung falsch? Wo hat Zuwanderungspolitik – so es sie denn überhaupt gab – jahrzehntelang versagt? Einige Antworten werden wehtun. Tun sie das nicht, war es kein offenes Gespräch! Wer glaubt, nun habe einfach der Staatsanwalt das Wort, geht fehl. Die Ursachen von Hass und Gewalt gehen auf politische Fehlentwicklungen zurück. Ihre Lösung kann deshalb nicht an das Rechtssystem delegiert werden.

Wir müssen reden. Ich glaube, dazu gehört auch, deutlich zu kommunizieren: Die starken AnführerInnen, denen man bei den sogenannten »Rechtspopulisten« so gerne nachläuft, haben nicht das Gemeinwohl im Sinn, sondern ausschließlich eins: ihre eigene Macht. Donald Trump, der sich scheinbar mit dem »Volk« gegen das Establishment solidarisierte, macht es gerade vor. Er plant mit dem Staatshaushalt für 2018 eine offene Umverteilung finanzieller Mittel von unten nach oben. Darin liegt die ganze Tragik dieser Entwicklung: dass das viel geschmähte Establishment sich um ein Vielfaches intensiver um das Gemeinwohl sorgt als Autokraten wie Trump, Erdogan oder Putin. Wer in den USA arm ist, der wird aller Voraussicht nach ärmer werden, die Finanziers und Multimilliardäre freuen sich (es sei denn, Trump verliert sein Amt schon bald). Das passiert, wenn man mit großen Lügen große Ängste produziert: Sie werfen große Gewinne für einige wenige »starke Männer« ab.

Zum Reden gehört, Zusammenhänge zu erklären. Hier ergeht es uns bisweilen ähnlich wie mit den Angriffen auf die politische Korrektheit: Wer erklärt, macht sich als Oberlehrer unbeliebt. Man wirft ihm vor, er lasse wieder nur seine eigene Meinung gelten, statt endlich mal zuzuhören. Auch das erweist sich aber manchmal als Totschlagargument. Es ist nicht prinzipiell falsch, Dinge zu erklären. Und es ist eine erlernbare Kunst, dabei nicht nur Monologe zu halten und zu belehren, sondern auch zuzuhören.

Wir müssen darüber reden, wie wir in Zukunft miteinander leben wollen. Wir dürfen die Gestaltung unserer Zukunft nicht einfach den Unternehmensgiganten des digitalen Zeitalters aus dem Silicon Valley überlassen. Stattdessen müssen wir (wieder) lernen, als Gesellschaft breite Debatten darüber zu führen, wie diese Zukunft aussehen soll. Ich glaube nicht, dass die Maschinen, die im Silicon Valley erdacht und gebaut werden, eine bessere Welt entstehen lassen. Im Gegenteil: Wir müssen uns nicht nur ökologischen Gefahren wie dem Klimawandel stellen, sondern auch dem sozialen Klimawandel, den diese Giganten mit ihren Algorithmen mit zu verantworten haben: Wir müssen uns dagegenstellen, dass sich unsere offene, freiheitliche Gesellschaft in eine Gesellschaft des Hasses und der Ausgrenzung verwandelt.

Ich würde die Debatte gerne über das Thema Hatespeech weit hinausführen. Hatespeech, das ist doch nur die Spitze des Eisbergs. Unter Wasser liegen die anderen sechs Siebtel des Eises.

Lassen wir uns nicht mit einer verkürzten Diskussion über Strafrecht und Bußgelder, über die Verantwortung von Facebook und den Rechtsstaat in eine Sackgasse führen. So hat die Debatte einen Geburtsfehler und wird weder der gesellschaftlichen Entwicklung gerecht noch der Aufgabe, sowohl Meinungsfreiheit als auch Würde zu wahren. Es geht hier übrigens nicht nur um Hass-Botschaften, die ich oder andere Politiker erhalten. Es geht um den Zustand der Gesellschaft überhaupt, um die Frage, ob Kinder in diesem Land in einem Klima voller Hass, Mobbing und Gewalt aufwachsen.

Bei den Jugendlichen in der Berliner Schule habe ich einmal mehr gesehen, wie verletzlich gerade heranwachsende Kinder sind. Sie, die sich in ihrer Persönlichkeit erst entwickeln, die dabei häufig besonders nach Identität und Gemeinschaft suchen, trifft die Verrohung der Kommunikation besonders empfindlich. Deshalb müssen wir hier noch mehr als in allen anderen Bereichen der Gesellschaft für Bildung, Aufklärung und Prävention sorgen.

Über die Bildung und Erziehung von Kindern und Jugendlichen hinaus müssen wir eines deutlich machen: Verantwortung für das soziale Klima trägt jeder Einzelne von uns mit. Diese Verantwortung gehört zu den Fundamenten einer freiheitlichen Gesellschaft, daran müssen wir uns immer wieder erinnern. Der frühere Bundespräsident Gauck – dessen Lebensthema ja die Freiheit war – sagte zum Ende seiner Amtszeit mal: »Die Freiheit des Erwachsenen heißt Verantwortung.« Ja, es gibt viele Dinge, über die man sich ärgern kann. Aber das ist keine Entschuldigung für schlechtes Benehmen, erst recht nicht dafür, anderen Menschen ihre Würde zu nehmen. Es gibt andere, sachlichere Wege, Ärger und Kritik zu äußern.

Ende Mai 2017 habe ich in Berlin ein spannendes Kunstprojekt erlebt. Es lief nur einige Monate, nannte sich TheHouse und bestand aus verschiedenen Graffiti und Installationen. Im fünften Stock war die Installation eines Künstlerduos zu sehen, das sich Herakut nennt. Inmitten von Bildern voller Schrecken und Gewalt entdeckte der Zuschauer den auf den Boden gesprühten Satz: »Teach your kids love or someone else will teach them hate«.

Hatespeech, Gewalt und Verrohung sind in vielerlei Hinsicht ein globales Phänomen. Aber die Art und Weise, wie wir miteinander umgehen, beginnt auf der untersten Ebene der Gesellschaft, in der Mikrostruktur: in Familien und Schulen, an öffentlichen Orten, im Straßenverkehr, überall dort, wo Menschen miteinander kommunizieren. Ein großer Teil unserer Kommunikation aber findet heute im Internet statt. Deshalb darf es uns nicht egal sein, was dort passiert.

Anmerkungen

1 Die hier zitierten Kommentare und Tweets stammen, sofern nicht anders angegeben, von meinen Seiten auf Facebook: https://www.facebook.com/renate. kuenast/?hc_ref=NEWSFEED und Twitter: https://twitter.com/renatekuenast?lang=de

2 Vgl. dazu: Internet warriors: inside the dark world of online haters, in: https://www.theguardian.com/ global/2017/mar/10/internet-warriors-inside-dark-world-of-online-trolls-kyrre-lien (zuletzt abgerufen am 1.6.2017)

3 Joel Stein: »Why we're losing the Internet to the culture of hate«, in: *Time Magazine*, August 29, 2016, S. 25–30

4 So Joel Stein, ebd.

5 Britta Stuff: »Die Heimsuchung«, in: *Der Spiegel 44*, 29.10.2016, S. 24–29

6 IW-Studie: *AfD-Anhänger gehören zur Mitte der Gesellschaft*, Quelle: *FAS*, 18.03.2016, nachzulesen auf: http://www.faz.net/aktuell/wirtschaft/iw-studie-afd-anhaenger-gehoeren-zur-mitte-der-gesellschaft-14931219. html (zuletzt abgerufen am 1.6.2017)

7 Hans Vorländer/Maik Herold/Steven Schäller: *Wer geht zu PEGIDA und warum? Eine empirische Untersuchung von PEGIDA-Demonstranten in Dresden.* Dresden 2015

8 Ebd., S. 45 f.

9 Ebd., S. 48 ff.

10 *ZEIT* vom 9.3.2017, »Die Wut der Frauen«, von Anne Hähnig, S. 19 f.

11 Ebd.

12 Brief eines Lesers an mich vom 24. Januar 2016

13 Zygmunt Baumann: *Die Angst vor den anderen.*
    Ein Essay über Migration und Panikmache, Suhrkamp,
    Berlin 2016, zitiert nach der 4. Auflage 2017

14 Ebd., S. 102, Hervorhebungen original

15 Sascha Lobo: »99 posten online, der 100. ermordet
    jemanden«, 15.03.2017, *Spiegel Online*, http://www.spiegel.
    de/netzwelt/web/verrohung-des-netzes-99-posten-online-
    der-100-ermordet-jemanden-a-1138835.html (zuletzt
    abgerufen am 1.6.2017)

16 Volker Gerhardt: »Zu nah am Feuer. Das unvergleichlich
    Neue der digitalen Technik und ihre gerade darin unter-
    schätzte Gefahr«, in: *Polar 22. Politik – Theorie – Alltag,
    Halbjahresschrift*, Frühjahr 2017, Campus Verlag,
    S. 73–78. Das Folgende nach Gerhardt.

17 Ebd., S. 78

18 Vgl. dazu: Jan-Hinrik Schmidt: »Filterblasen und
    Echokammern. Das Gefüge digitaler Kommunikation«,
    in: *Polar 22. Politik – Theorie – Alltag, Halbjahresschrift*,
    Frühjahr 2017, Campus Verlag, S. 82–85, hier S. 84

19 Eli Pariser: *Filterbubble. Wie wir im Internet entmündigt
    werden.* Hanser, München 2012

20 »Ausweitung der Komfortzone«, Interview von Johannes
    Kuhn und Mirjam Hauck mit Eli Pariser, *Süddeutsche
    Zeitung Online,* 08.03.2012, http://www.sueddeutsche.de/
    digital/eli-pariser-und-die-filter-bubble-ausweitung-der-
    komfortzone-1.1303419 (zuletzt abgerufen am 1.6.2017)

21 Vgl. dazu Farhad Manjoo: »Can Facebook Fix Its Own
    worst Bug?, in: *The New York Times Magazine,* 25.04 2017,
    abrufbar unter: https://www.nytimes.com/2017/04/25/

magazine/can-facebook-fix-its-own-worst-bug.
html?mwrsm=Email (zuletzt abgerufen am 1.6.2017)

22 Sunstein, Cass R. (2001): *Republic.com*. Princeton:
Princeton University Press. Vgl. dazu auch Farhad
Manjoo: »Can Facebook Fix Its Own worst Bug?,
siehe Anm. 21.

23 Chris Nodder: »Evil by Design«, Indianapolis 2013;
vgl. dazu auch: Christian Stöcker: »Werden Sie Teil der
Maschine!«, *Spiegel Online*, 21.05.2017, http://www.spiegel.
de/wissenschaft/technik/digitale-ueberredungstechnik-
laesst-menschen-nach-ihrer-pfeife-tanzen-a-1148463.html
(zuletzt abgerufen am 1.6.2017)

24 Ebd.

25 Ingrid Brodnig, »Hass im Netz. Was wir gegen Hetze,
Mobbing und Lügen tun können«, 2016, zitiert nach
Christian Neuner-Duttenhofer: »Haters gonna hate.
Was tun gegen den Hass im Netz?«, in: *Polar 22. Politik –
Theorie – Alltag, Halbjahresschrift*, Frühjahr 2017,
Campus Verlag, S. 114–119, hier S. 115

26 Ebd.

27 Schmidt, S. 85

28 David Gebhard, Florian Neuhann: »Hans Mayers
Ausflug an den rechten Rand«, http://www.heute.de/
zdf-journalisten-recherchieren-undercover-in-rechten-
filterblasen-auf-facebook-46475764.html (zuletzt
abgerufen am 1.6.2017)

29 *Spiegel-Online-Snapchat* vom 28.04.2017. Auf *euronews.
com* heißt es am 21.02.2017: »Seit Trumps Amtsantritt
haben antisemitische Übergriffe in den USA nach Angaben
jüdischer Organisationen drastisch zugenommen.«,
http://de.euronews.com/2017/02/21/nach-welle-

antisemitischer-uebergriffe-trump-verurteilt-
antisemitismus-in-den (zuletzt abgerufen am 1.6.2017).
Ähnliches berichtet der Deutschlandfunk am 22.02.2017:
»Mehr antisemitische Vorfälle seit Trumps Wahlsieg«,
http://www.deutschlandfunk.de/antisemitismus-in-den-
usa-donald-trump-prangert.1773.de.html?dram:article_
id=379566 (zuletzt abgerufen am 1.6.2017)

30 Vgl. neben der *BILD* vom 1.2.2000 und der *Morgenpost*
    vom 31.1.2000 auch einen Bericht im *Tagesspiegel*
    vom 1.2.2000

31 Vgl. dazu Volker Weiß: *Die autoritäre Revolte.*
    Die NEUE RECHTE *und der Untergang des Abendlandes,*
    Klett-Cotta, Stuttgart 2017

32 Heitmeyer im Interview mit dem *Deutschlandfunk*
    am 8. November 2015, http://www.deutschlandfunk.de/
    konflitkforscher-heitmeyer-rec…tremismus-kommt-aus-
    der.911.de.html?dram:article_id=336336 14.03.17
    (zuletzt abgerufen am 1.6.2017)

33 Vgl. Weiß: Im Folgenden werden wichtige Ergebnisse
    dieser Studie referiert.

34 David Begrich in einem Interview mit der Tageszeitung
    TAZ vom 20.03.2017

35 Zitiert und paraphrasiert nach Weiß, S. 76 f.

36 Interview mit Karlheinz Weißmann in der *Jungen Freiheit*
    36/2001, S. 6, zitiert nach Weiß, S. 73 f.

37 Weiß, S. 10

38 Ebd., S. 24

39 Ebd., S. 91

40 Diese Schwankungen lassen sich aus den Erhebungen
    ablesen, die Wilhelm Heitmeyer und Kollegen über zehn
    Jahre durchgeführt und veröffentlicht haben. In: Wilhelm

Heitmeyer (Hrsg.): *Deutsche Zustände*, 10 Bde., Suhrkamp, Frankfurt am Main 2002–2011

41 Weiß, S. 89

42 Ebd., S. 142

43 Ebd., S. 144

44 Ebd., S. 25 f.

45 Tweet eines Unbekannten

46 Arno Widmann: »Der Erfolg der AfD wundert mich nicht«, Interview mit Wilhelm Heitmeyer, *Berliner Zeitung Online*, 22.10.2016, http://www.berliner-zeitung.de/politik/interview-mit-wilhelm-heitmeyer--der-erfolg-der-afd-wundert-mich-nicht--24954352 (zuletzt abgerufen am 1.6.2017)

47 *FAZ.NET*: »Lawrow wirft Deutschland Vertuschung vor«, http://www.faz.net/aktuell/politik/ausland/europa/an-gebliche-vergewaltigung-lawrow-wirft-deutschland-vertuschung-vor-14035066.html (zuletzt abgerufen am 1.6.2017)

48 Vgl. dazu auch Jannis Brühl: »Eine Erschütterung der Demokratie, wie wir sie kennen.«, *Süddeutsche Zeitung* vom 3.5.2017, S. 9

49 Maria Fiedler et al.: »So twitter die AfD«, 18.4.2017, http://digitalpresent.tagesspiegel.de/afd (zuletzt abgerufen am 1.6.2017)

50 Simon Hurtz, Hakan Tanriverdi: »Filterblase? Selbst schuld!«, *Süddeutsche Zeitung Online*, 02.05.2017, http://www.sueddeutsche.de/digital/facebook-filterblase-selbst-schuld-1.3479639 (zuletzt abgerufen am 1.6.2017)

51 Ebd.

52 *Focus Online*: »Bundeswehroffizier unter Terrorverdacht«, 03.05.17, http://www.focus.de/politik/deutschland/

masterarbeit-voller-rassistischer-passagen-gebrauchs
anweisung-fuer-rassistische-propaganda-gutachter-
warnte-vor-franco-a_id_7072853.html
(zuletzt abgerufen am 1.6.2017)

53 Interview mit Mathias Quent in den *Bremer Nachrichten*
vom 25.03.2017

54 David Begrich, Interview mit der *TAZ* vom 20.03.17

55 Vgl. dazu z. B.: Heidrun Deborah Kämper: »Die AfD
und ihre Sprache«, im *Mannheimer Morgen* vom 01.02.2017;
Uwe Puschner, zitiert von Sven Felix Kellerhoff in:
»Frauke Petry weiß nicht, was ›völkisch‹ bedeutet«,
in *Die Welt* vom 12.09.2016

56 Norbert Frei: »Völkische Fantasien«, in: *Süddeutsche
Zeitung,* 15.10.2016

57 Ebd.

58 Giovanni di Lorenzo: »Die Allmacht der Grünen«,
ZEIT Nr. 40/2016, online am 28.09.2016 auf:
http://www.zeit.de/2016/40/opposition-gruene-
afd-wahl (zuletzt abgerufen am 1.6.2017)

59 Ebd.

60 Vgl. dazu z. B. Uwe Puschner, zitiert von Sven Felix
Kellerhoff in: »Frauke Petry weiß nicht, was ›völkisch‹
bedeutet«, in *Die Welt* vom 12.09.2016

61 Norbert Holst: »Matthias Quent über den Umgang mit
der AfD«, http://www.weser-kurier.de/deutschland-welt/
deutschland-welt-politik_artikel,-vom-konservatismus-
nicht-taeuschen-lassen-_arid,1572941.html

62 Wolfgang Benz: »Die rechte Richtung der AfD«,
Tagesspiegel, 12.02.2017

63 Arno Widmann: »Der Erfolg der AfD wundert mich
nicht«, Interview mit Wilhelm Heitmeyer, *Berliner Zeitung*

Online, 22.10.2016, http://www.berliner-zeitung.de/
politik/interview-mit-wilhelm-heitmeyer--der-
erfolg-der-afd-wundert-mich-nicht--24954352
(zuletzt abgerufen am 1.6.2017)

64 Vgl. dazu z. B.: Wilhelm Heitmeyer: »Rette sich wer
kann«, Gespräch mit der *TAZ*, 28.02.2012,
http://www.taz.de/!5099708/

65 Die Studie ist unter https://dl.dropboxusercontent.
com/u/75787447/CEPR-DP10884.pdf online
abrufbar.

66 Thomas Fricke: »Schaut auf die Banken«, *Spiegel Online*,
15.04.2016, http://www.spiegel.de/wirtschaft/
aufstieg-der-rechtspopulisten-liegt-an-der-finanzkrise-
kolumne-a-1087139.html (zuletzt abgerufen am 1.6.2017)

67 Daniel Bax: »Gefahr von rechts bleibt«, *TAZ Online*
vom 12.12.2011, http://www.taz.de/!5105531/
(zuletzt abgerufen am 1.6.2017)

68 Nach: Ulrike Westhoff: »Angst als ständiger Begleiter«,
Deutschlandfunk, 27.10.2014, http://www.deutschland
funk.de/gesellschaft-angst-als-bestaendiger-begleiter.
1310.de.html?dram:article_id=301536 (zuletzt abgerufen
am 1.6.2017)

69 Vgl. z. B. Bax

70 Baumann, S. 9, Hervorhebungen original

71 Baumann verweist auf Ulrich Beck, *Risikogesellschaft,*
Suhrkamp, Frankfurt am Main 1986, Baumann S. 57.

72 Baumann, S. 108

73 Ebd., S. 109

74 Ebd.

75 Heitmeyer im Interview mit dem *Deutschlandfunk* am
8. November 2015, http://www.deutschlandfunk.de/

konflitkforscher-heitmeyer-rec…tremismus-kommt-aus-
der.911.de.html?dram:article_id=336336 14.03.17
(zuletzt abgerufen am 1.6.2017)

76 So der Titel von Baumanns Essay

77 Baumann, S. 110 f.

78 Vgl. dazu etwa: Mirko Smiljanic: »Auswege aus dem
Armutsdesaster«, http://www.deutschlandfunk.de/
auswege-aus-dem-armutsdesaster.1310.de.
html?dram:article_id=194213 (zuletzt abgerufen
am 1.6.2017)

79 https://www.theguardian.com/world/2017/apr/22/
france-elections-2017-le-pen-fillon-macron (zuletzt
abgerufen am 1.6.2017)

80 Roger Cohen: »America's bountiful churn«: »This is a
plausible moment to play on fears, to beat the nationalist
drum. Those new buddies, Vladimir Putin and Donald
Trump, specialize in that. The Vladimir Trump policy
school teaches that big lies produce big fears that produce
big yearnings for big strongmen.« https://www.nytimes.
com/2015/12/31/opinion/americas-bountiful-churn.
html?_r=0 (zuletzt abgerufen am 1.6.2017)

81 Vgl. dazu Baumann, S. 22 f.

82 Tim Hume: »Germany struggles to fight anti-migrant
fake news amid fears it could influence its election«,
02.02.2017, https://www.vice.com/en_us/article/
qkzzk5/germany-struggles-to-fight-anti-migrant-fake-
news-amid-fears-it-could-influence-its-election.
(zuletzt abgerufen am 1.6.2017)

83 Fabian Reinbold: »Geheimdienste nutzen Facebook
zur Desinformation«, *Spiegel Online,* 28.04.2017,
http://www.spiegel.de/netzwelt/web/facebook-

geheimdienste-nutzen-das-soziale-netzwerk-zur-
desinformation-a-1145224.html (zuletzt abgerufen
am 1.6.2017)

84 Brühl

85 Fabian Reinbold: »Ich ganz allein habe Trump ins Amt
gebracht«, *Spiegel Online*, 06.12.2016, http://www.spiegel.
de/netzwelt/netzpolitik/donald-trump-und-die-daten-
ingenieure-endlich-eine-erklaerung-mit-der-alles-sinn-
ergibt-a-1124439.html (zuletzt abgerufen am 1.6.2017)

86 Carole Cadwalladr: »The great British Brexit robbery:
how our democracy was hijacked«, 07.05.2017,
https://www.theguardian.com/technology/2017/
may/07/the-great-british-brexit-robbery-hijacked-
democracy?CMP=share_btn_link (zuletzt abgerufen
am 1.6.2017)

87 Ebd.

88 Ebd.: »SCL/Cambridge Analytica was not some startup
created by a couple of guys with a Mac PowerBook.
It's effectively part of the British defence establishment.«

89 Ebd.: »This is not just a story about social psychology
and data analytics. It has to be understood in terms of
a military contractor using military strategies on a
civilian population.«

90 Ebd.: »And how we are in the midst of a massive land
grab for power by billionaires via our data. Data which
is being silently amassed, harvested and stored. Whoever
owns this data owns the future.«

91 Ebd.: »And what's clear is that the power and dominance
of the Silicon Valley – Google and Facebook and a
small handful of others – are at the centre of the global
tectonic shift we are currently witnessing.«

92 Ebd.: »I found evidence suggesting they [Stephen Bannon und Co.] were on a strategic mission to smash the mainstream media and replace it with one comprising alternative facts, fake history and rightwing propaganda.«

93 Ebd.

94 »Niederlage für AfD-Politikerin Weidel in Streit um Äußerung in NDR-Satiresendung«, Meldung der Presseagentur afp, zu lesen unter anderem bei *ZEIT ONLINE,* http://www.zeit.de/news/2017-05/17/deutschland-niederlage-fuer-afd-politikerin-weidel-in-streit-um-aeusserung-in-ndr-satiresendung-17124804 (zuletzt abgerufen am 1.6.2017)

95 Zitiert nach einem Brief des Polizeipräsidiums Köln vom 25.10.2016

96 Vgl. dazu Till Krause und Hannes Grassegger: »Inside Facebook«, *Süddeutsche Zeitung Magazin,* 15. Dezember 2016, http://www.sueddeutsche.de/digital/exklusive-sz-magazin-recherche-inside-facebook-1.3297138 (zuletzt abgerufen am 1.6.2017)

97 http://www.mdr.de/nachrichten/vermischtes/facebook-hasskommentar-cleaner-100.html (zuletzt abgerufen am 1.6.2017)

98 Krause/Grassegger

99 Ebd.

100 Vgl. dazu Manjoo

101 Vgl. dazu Ebd.

102 Ebd.

103 Krause/Grassegger

104 Vgl. https://www.eco.de/services.html (zuletzt abgerufen am 1.6.2017)

105 https://www.fsm.de und jugendschutz.net.

106 Karl-Heinz Ladeur, Tobias Gostomzyk: *Gutachten zur Verfassungsmäßigkeit des Entwurfs eines Gesetzes zur Verbesserung der Rechtsdurchsetzung in sozialen Netzwerken*, 16.5.2017, https://www.digitalwahl.de/bitkom/org/noindex/Publikationen/2017/Sonstiges/NetzDG-Gutachten-Gostomzyk-Ladeur.pdf (zuletzt abgerufen am 1.6.2017)

107 Vgl. dazu u. a.: Benjamin Bidder: »Putins Angst vor einem Moskauer Maidan«, *Spiegel Online*, http://www.spiegel.de/politik/ausland/zensur-facebook-blockiert-aufruf-zur-demo-fuer-nawalny-a-1009952.html (zuletzt abgerufen am 1.6.2017)

108 Vgl. dazu: Nick Hopkins: »How Facebook flouts Holocaust denial laws except where it fears being sued«, 24. Mai 2017, https://www.theguardian.com/news/2017/may/24/how-facebook-flouts-holocaust-denial-laws-except-where-it-fears-being-sued?CMP=Share_iOSApp_Other (zuletzt abgerufen am 1.6.2017)

109 Veröffentlicht am 21.05.2017, https://www.theguardian.com/news/2017/may/21/revealed-facebook-internal-rulebook-sex-terrorism-violence (zuletzt abgerufen am 1.6.2017)

110 Vgl. dazu und im Folgenden auch: http://www.spiegel.de/netzwelt/web/facebook-guardian-veroeffentlicht-auszuege-aus-den-loeschregeln-a-1148732.html (zuletzt abgerufen am 1.6.2017)

111 Vgl. dazu: Fabian Reinbold: »Facebooks Eigentor«, *Spiegel Online*, 29.05.17, http://www.spiegel.de/netzwelt/netzpolitik/heiko-maas-und-facebook-

kommentar-zur-kritik-am-internet-gesetz-a-1149745.html
(zuletzt abgerufen am 1.6.2017)

112 Thomas-Gabriel Rüdiger: »Das Broken Web?« 2.2.2017,
https://www.linkedin.com/pulse/das-broken-web-
thomas-gabriel-rüdiger (zuletzt abgerufen am 1.6.2017)

113 Peter Strohschneider in einem Gastbeitrag: »Wissenschaft
muss für die Demokratie streiten«, in: *Süddeutsche Zeitung*,
24.01.2017, http://www.sueddeutsche.de/wissen/
populismus-wissenschaft-muss-fuer-die-demokratie-
streiten-1.3341618 (zuletzt abgerufen am 1.6.2017)

114 http://www.sueddeutsche.de/politik/sprachwissen
schaftler-anatol-stefanowitsch-die-fluechtlinge-sind-
nicht-schuld-am-unglueck-der-dresdner-mittelschicht-
1.3397372 (zuletzt abgerufen am 1.6.2017)

115 Auch darauf weist Stefanowitsch in dem zitierten
Interview hin.